Inhalt

Bewegtes Wasser

Pflege gemac

SPEZIAL

Ihnen gefällt kein Modell aus Baumärkten oder Gartencentern? Macht nichts, wir zeigen Ihnen Ideen „Marke Eigenbau“.

SPEZIAL

Auch im Kleinen können Sie mit Seerosen und anderen Wasserpflanzen schöne Tisch-Dekorationen zaubern.

So fängt es an: Kühles Nass

Wasser fasziniert die Menschen. Sie fühlen sich geradezu magisch von dem wohltuenden Element angezogen. Ob sprudelnd, plätschernd oder still – Wasser erfrischt und belebt in jeder Form. Schon der Anblick einer ruhigen Wasserfläche genügt, um uns zu erfreuen: Manchmal kräuselt sie sich im Wind, mal spiegeln sich Wolken darin. Einen Mini-Wassergarten kann man auf kleinstem Raum verwirklichen. Selbst in einer schattigen Ecke auf dem Balkon kann man ihn herrlich genießen. Dazu bedarf es nicht viel Mühe und auch der Pflegeaufwand ist gering. Deshalb kann sich jeder leicht den Wunsch erfüllen, eine kühlende Oase in der Nähe seines Lieblingsplatzes anzulegen. Mit dem Wasser halten unterschiedliche Sumpf- und Schwimmpflanzen sowie zauberhafte Seerosen auf Ihrem Balkon, Ihrer Terrasse oder in einer Ecke Ihres Gartens Einzug. Gönnen Sie sich den Spaß, Tröge und Bottiche als Miniteiche anzulegen oder einen kleinen Springbrunnen aufzustellen. Genießen Sie das pure Vergnügen, von Wasser umgeben zu sein. Denn das sanfte, gleichmäßige Geräusch des Wassers wirkt ausgesprochen beruhigend und man kann mit allen Sinnen herrlich entspannen.

4 | Kühles Nass

Früher symbolisierte Wasser Reichtum und Macht seines Besitzers. Prächtige Gartenanlagen zeugen davon. Auch heute stellt es für den Gartenbesitzer in jeder Form etwas Besonderes dar.

Kaum etwas beruhigt die Sinne mehr als das sanfte Gurgeln einer Quelle. Selbst stilles Wasser lässt unscheinbare Plätze interessant wirken; besondere Pflanzen ziehen die Blicke auf sich.

Zwischen großen Steinen steigt schäumendes Nass nach oben. Sanftes Plätschern verheißt angenehme Frische.

Zauberhafte Oasen

Wohin mit dem Miniteich?

Nicht jeder hat einen großen Garten. Doch zum Glück lässt sich der Wunsch nach einem Teich auch auf kleinstem Raum verwirklichen. Holzkübel, Keramiktöpfe oder Zinkwannen eignen sich bestens, um darin einen kleinen Wassergarten anzulegen.

Gut sichtbar

Am besten wählt man für den Miniteich einen Platz in der Nähe des Wohnhauses, zum Beispiel auf einer Terrasse oder in einer kleinen Gartennische. So hat man den puren Genuss des Wassers und der faszinierenden Pflanzen dort, wo man am liebsten entspannt. Aber auch die Pflanzen sollten sich dort wohlfühlen, denn nur dann gedeihen sie am besten. Den meisten Wasserpflanzen behagt ein windgeschützter Platz in der Sonne oder im Halbschatten.
Auf einer weiten Rasenfläche wirkt ein relativ kleines Pflanzgefäß jedoch völlig verloren. Im Vorgarten kommt es erst gar nicht zur Geltung, sondern gerät allzu leicht in Vergessenheit. Am besten stellt man Miniteiche an einen sonnigen Ort neben dem Gartenpavillon, der Gartenlaube oder auf eine Wiese in unmittelbarer Sitzplatznähe mit schönen Stauden als Hintergrund.

Der große Bottich mit einer dezenten Bepflanzung ist ein echter Hingucker. Hohe Sträucher und üppige Stauden bilden den Hintergrund.

Täglich in der Sonne

Wasserpflanzen brauchen täglich am besten sechs Stunden Sonne, um ihre volle Schönheit entfalten zu können. An sonnigen Standorten verdunstet jedoch auch das Wasser schneller, deshalb muss regelmäßig nachgefüllt werden. Dennoch erwärmt sich die Wassermenge hier relativ leicht.

Auf einer Dachterrasse wurden Kunststeinschalen so arrangiert und bepflanzt, dass eine kleine Landschaft mit Bachlauf entsteht.

Warmes Wasser besitzt einen geringeren Anteil an gelöstem Sauerstoff als kaltes Wasser. Daher sollte man niemals Fische in diese kleinen Behälter setzen, denn sie würden nur wenige Tage überleben.

Schöne Begleiter

Dachgärten und Südbalkone sind aufgrund der stehenden Hitze extreme Standorte für Miniteiche – besonders schwierig für Pflanzen, die über die Wasseroberfläche hinausragen. Ihre Blätter vertrocknen, wenn sie nicht genügend Luftfeuchtigkeit bekommen. Man kann sie allerdings schützen, indem man höher wachsende Stauden und Sträucher um die kleine Wasserlandschaft anordnet.

Für die Bepflanzung eignen sich grüne Pflanzen mit einfachen Blattstrukturen, zum Beispiel Gräser und Funkien. Dann kommen die zarten Blüten und Blätter der Wasserpflanzen am besten zur Geltung. Üppig blühende Stauden und Sommerblumen könnten sie optisch erdrücken und ihnen sogar die Schau stehlen. Die Begleitpflanzen sollten zurückhaltend im Hintergrund platziert werden, damit sie nicht in Konkurrenz zu den Wasserpflanzen treten. Sie spenden nicht nur den nötigen Schatten, sondern schützen die Wasserpflanzen auch vor zu viel Wind. Denn schnell können die zarten Halme vom Zwerg-Rohrkolben (*Typha minima*) abknicken. ●

SMART

Pflanzen schützen!

- **Für die Bepflanzung der Gefäße dürfen Sie auf keinen Fall Pflanzen aus der heimischen Ufervegetation von Teichen, Gräben oder Bächen verwenden. Hier wachsen auch seltene und geschützte Arten, die am Naturstandort verbleiben müssen.**
- **Wenn Sie Pflanzen unerlaubterweise aus der Natur entnehmen, können Sie sich unerwünschte Tiere in den Garten holen.**

Klein, aber fein

Es muss nicht immer ein großes Teichprojekt sein, denn selbst im kleinsten Gefäß wirkt Wasser wie eine Oase. Man gerät leicht ins Schwärmen, wenn man die zarten Blätter und leuchtenden Blüten der Schwimmpflanzen betrachtet, wenn sie auf der Wasserfläche treiben.

Anstelle mit großen Trögen, alten Fässern und Wannen können Sie sich ganz einfach auch in kleinen Behältern wie Schalen oder niedrigen Übertöpfen kleine Wasserlandschaften zaubern. Doch sollten Sie sich bewusst machen, dass sich ein stabiles ökologisches Gleichgewicht in kleinen Gefäßen nicht einstellen wird.
Miniaturteiche wie in unserem Beispiel sind eine Deko-Idee für eine Saison – ähnlich wie ein Balkonkasten mit einjährigen Blumen. Auch wenn diese Miniwasserwelt nicht von Dauer ist, wird man mit den passenden Pflanzen trotzdem eine Zeit lang Freunde daran haben. Wegen des beschränkten Platzes braucht man zudem nicht viele Pflanzen. So bleibt das vergängliche Wasservergnügen wenigstens preiswert. Ein Frosch aus Keramik oder Mitbringsel vom Strandurlaub wie Muscheln und hübsche Steine ergänzen die dekorative kleine Wasserszenerie.

Die richtigen Pflanzen

Die meisten Wasserpflanzen benötigen mehr Wassertiefe, als man ihnen in einem kleinen Gefäß bieten kann. Deshalb kommen für Schalen mit Wassertiefen von 5 bis 10 cm vor allem die recht anspruchslosen Schwimmpflanzen Feen-

Miniaturteiche anlegen und pflegen

Als Gefäße eignen sich schöne Schalen, flache Blumenübertöpfe oder kleine Glasaquarien.

Düngen verlängert die Lebensdauer der Pflanzen. Dazu flüssigen Blumendünger zehnfach niedriger verdünnen als auf der Packung angegeben. Das Wasser zur Hälfte damit ersetzen.

Bei Hitze regelmäßig den Wasserstand kontrollieren und rechtzeitig nachfüllen. Es darf nicht zuviel Wasser verdunsten, besonders nicht nach Düngegaben.

Gegen aufkommende Algen hilft es, das Wasser regelmäßig aufzufüllen und gelegentlich komplett auszuwechseln.

Gefäße vor Regen geschützt aufstellen, da Schwimmpflanzen sonst fortgeschwemmt werden könnten.

moos, Schwimmfarn, Wassersalat und Wasserhyazinthe in Frage (Pflanzenporträts siehe Seite 26/27). Schwimmpflanzen werden einfach auf die Wasseroberfläche gelegt, auf der sie hin- und hertreiben, ohne anzuwurzeln.

Beeindruckend sind vor allem die zarten kleinen Blätter mit interessanten Strukturen. Im Miniaturwassergarten hat man sie unmittelbar vor Augen, sofern man die Gefäße entsprechend platziert. Damit man die Pflanzen in ihrer filigranen Schönheit auch beobachten und sich an ihnen erfreuen kann, stellt man Schalen und Gefäße nahe am Lieblingsplatz auf, zum Beispiel auf den Gartentisch, in eine Ecke des Wintergartens oder auf eine

Eine zauberhafte Wasserwelt *mit Blüten, Blättern und Elfen, eingebettet ins frische Grün von Farnen und Funkien.*

Fensterbank der Terrasse. Der Standort muss auf jeden Fall vor Regen und starker Sonne geschützt sein (siehe Checkliste links).

Vitale Winzlinge

Die kleinsten und faszinierendsten unter den Schwimmpflanzen sind Feenmoos (*Azolla caroliniana*) und Schwimmfarn (*Salvinia natans*). Ihre Blätter wirken so zart und fein, dass man Sorge hat, sie mit den bloßen Händen zu zerstören. Doch keine Sorge: Die Pflänzchen sind robuster, als sie scheinen. Sie vermehren sich über die Sommersaison schnell, lassen sich aber ganz einfach von der Wasseroberfläche absammeln, falls es mal zu eng werden sollte.

Schöner Nebeneffekt: Durch ihren Vermehrungsdrang hat man regelmäßig „Nachwuchs", den man an andere Wasserpflanzenfreunde verschenken kann. Umgekehrt kann man von anderen Teichfreunden einige Pflanzen erbitten. Teelöffelgroße Portionen Feenmoos und Schwimmfarn reichen bereits, um eine Schale damit zu besiedeln. Da alle oben erwähnten Schwimmpflanzen Wärme liebend sind, müssen sie während der kalten Jahreszeit im Haus überwintern (siehe S. 60f.).

SMART

Blüten als Schmuck

- **Eine abgeschnittene Seerosenblüte aus dem Gartenteich dient für ein paar Tage als zusätzliches Highlight der kleinen Wasserwelt.**
- **Man legt sie mit einem Stück ihres Stiels einfach auf die Wasseroberfläche.**

Zink: frisch und modern

Bei dem Material Zink fällt einem sofort Großmutters gute alte Zinkbadewanne ein, die schon damals ihre Verwendung im Garten fand. Zur Freude der Kinder gab es alljährlich sommerlichen Badespass unter freiem Himmel. Heute steht sie wieder im Garten – gefüllt mit Wasser, exotischen Pflanzen und traumhaft schönen Seerosen. Zinkgefäße gibt es in den unterschiedlichsten Größen und Formen. In den Baumärkten füllen sie Regale: Blumenkästen, kleine und große Eimer und flache Schalen, rund oder eckig. Auch die Zinkbadewanne gibt es noch immer oder schon wieder. Die neuen Behälter haben jedoch nicht diese schöne Patina, die erst nach Jahren entsteht. Mit etwas Glück findet man vielleicht noch eine alte Regentonne aus Zink auf dem Flohmarkt.

Die große, flache Wanne ist das optimale Gefäß für Seerosen, denn hier kommen sie besonders gut zur Geltung.

Leicht abgedichtet

Einen Miniteich in einem alten Zinkgefäß anzulegen, wird selten verwirklicht, vielleicht aus Sorge vor dem grünlichen Belag, der sich nach einiger Zeit auf der Oberfläche des Gefäßes bildet. Dem lässt sich aber vorbeugen: Durch einen Schutzanstrich mit Mattlack wird das Material versiegelt und gleichzeitig wasserdicht. Alternativ kann man das Gefäß auch mit einem Stück Teichfolie auslegen. Allerdings verrutscht es leicht und dann läuft das Wasser über die undichten Stellen heraus. Neue Zinkgefäße sind meist dicht. Undichte Nähte lassen sich ganz einfach mit einer Silikonspritzmasse aus der Kartusche abdichten. Das ist günstiger und geht schneller als das aufwändige Lackieren der Gefäße. Hat man die Metallgefäße abgedichtet, können sie mit nährtstoffarmem Substrat und Wasser befüllt werden. Danach setzt man die Wasserpflanzen hinein. Hierfür eignen sich attraktive Blüher wie Blumenbinse (*Butomus umbellatus*), Hechtkraut (*Pontederia cordata*) sowie Blutweiderich (*Lythrum salicaria*, siehe Portraits Seite 22ff.). Diese Pflanzen bilden mit ihren rosa, blauen beziehungsweise pinkfarbenen Blütenständen einen schönen Kontrast zu dem silbrigen, leicht reflektierenden Metall. Zinkblumenkästen eignen sich hervorragend als Miniteich an der Balkonbrüstung. Um einen erhöhten Pflegeaufwand zu vermeiden, sollten Sie nur nicht wuchernde Einzelpflanzen einsetzen.

Zinkeimer lassen sich hervorragend als Gruppe anordnen. Man kann dabei zwischen gleich- oder verschieden hohen Gefäßen wählen.

Schattenplätzchen

Für ein vernachlässigtes Plätzchen im Schatten kann man eine Zinkwanne als Miniteich mit einer entsprechenden Bepflanzung gestalten. Hier sind die Pflanzen nicht der Hitze ausgesetzt, das Wasser verdunstet langsamer und das Algenproblem ist daher nicht so akut wie bei sonnigeren Standorten.
Hier blühen die Pflanzen jedoch weniger üppig und farbenfroh. Sonnenliebende Seerosen eigenen sich für diesen Standort überhaupt nicht. Es gibt jedoch zahlreiche Sumpf- und Wasserpflanzen, die wenig Blüten haben, stattdessen aber interessante Wuchsformen oder witzige Fruchtstände. Geeignete Vetreter sind beispielsweise Froschlöffel (*Alisma plantago-aquatica*) mit seinen zarten weißen Blütenständen, Igelkolben (*Sparganium simplex*) mit den auffälligen „Igelfrüchten“ sowie verschiedene Binsenarten (siehe Seite 22ff.).
Zu den Arten, die auch im Schatten üppig blühen, zählen Sumpfpflanzen wie Sumpf-Vergissmeinnicht (*Myosotis palustris*), Bachbunge (*Veronica beccabunga*) und Sumpfdotterblume (*Caltha palustris*). Sie stehen nur mit den Füßen im Wasser; Triebe, Blätter und Blüten dieser Pflanzen erheben sich über die Wasseroberfläche. Diese Begleiter feuchter Wiesen und Wälder sind an ein „Schattendasein“ gewöhnt und kommen auch bei wenig Licht zur Blüte.
Man kann einen Miniteich im Schatten auch mit Blattschmuckpflanzen außerhalb des Wassers umgeben. Zum Beispiel mit den schmalen, hellgrünen Blättern der Funkie (*Hosta sieboldii*) oder der Schatten-Segge (*Carex pendula*), die mit ihren grazil überhängenden Blättern eine zauberhafte Umgebung schafft. Man setzt die Pflanzen in Kübel und ordnet sie als Dreiergruppe um den Wassergarten herum an.

SMART

Schlichter Hintergrund

- **Schön zur Geltung kommen die zarten Wasserpflanzen, wenn man für den Hintergrund zurückhaltende Stauden wählt.**
- **Ein interessanter Kontrast entsteht auch vor einer frisch gekalkten Mauer.**

Eiche rustikal

Rustikale Holzfässer sind ausgezeichnete Behälter für Miniteiche, denn sie sind aus natürlichem Material und harmonieren mit den Pflanzen ihrer Umgebung.

Dekorativ und natürlich wirken Holzfässer aus Eichenholz. Sie wurden früher zum Lagern von Wein und Whiskey verwendet. Heute hat man sie „wiederentdeckt“, allerdings sind die Neuanfertigungen in Baumärkten und Gartencentern nicht aus haltbarem Holz gefertigt. Manchmal werden die ausrangierten Eichenfässer, die man übrigens auch zum Einlegen von Gewürzgurken verwendet hat, auf Flohmärkten und in Gärtnereien angeboten.

Neu oder gebraucht?

Ob ganz oder halbiert, Holzfässer jeder Größe lassen sich hervorragend als Gruppe mit unterschiedlichen Höhen arrangieren. Hierfür benötigt man allerdings reichlich Platz. Aber auch quadratische und rechteckige Holzbecken lassen sich verwenden. Man findet sie in Gartencentern, da diese Behälter auch als Pflanzkübel verwendet werden. Gebrauchte Holzfässer müssen vor dem Bepflanzen gründlich gereinigt werden, da eventuelle Rückstände den Wasserpflanzen schaden könnten. Dazu wird das Innere mehrfach mit heißem Wasser und Kernseife gereinigt und zum Schluss mit Wasser ausgespült.
Wenn die Fässer zu stark verschmutzt oder undicht sind, sollte man sie mit einer Teichfolie abdichten. Sie muss großzügig ausgelegt werden und am Boden und an den Wänden gut anliegen, damit sie beim Befüllen mit Wasser nicht verrutscht. Am oberen Rand des Holzgefäßes wird die Folie auf der Innenseite festnagelt. Kauft man ein Fass in einer Gärtnerei, erkundigt man sich am besten gleich, ob es sich zum Bepflanzen mit Wasserpflanzen eignet und ob eine Reinigung nötig ist. Das vermeidet unnötige Pflanzenkrankheiten und -ausfälle.

Vor dem Bepflanzen beachten

Das Holzfass muss gründlich gereinigt und ganz von Rückständen befreit werden. Zu diesem Zweck sollte man komplett auf chemische Substanzen verzichten. Am besten verwendet man Kernseife. Danach muss das Fass mehrfach ausgespült werden.

Ob das Fass wasserdicht ist, lässt sich am besten überprüfen, indem man es mit Wasser füllt und einige Tage abwartet, bis das Holz gequollen ist. Wenn es dann nicht dicht ist, kann man das Fass mit Teichfolie auslegen.

Das Fass darf keinen Erdkontakt haben. Damit das Holz von unten nicht verrottet, sollte es auf eine befestigte Fläche gestellt werden.

Holzgefäße als Miniteich gestalten

Ein Holzgefäß sollte nach Möglichkeit auf einem befestigten Untergrund stehen, zum Beispiel auf einer Terrasse. Bekommt es Kontakt zur Erde, beginnt der Gefäßboden zu modern. Es ist ratsam, Holzgefäße auf eine 10 cm starke Kiesschicht zu stellen. Will man sie in den Boden einlassen, ummantelt man die Gefäße mit einer Folienlage, damit die Nässe nicht an das Holz dringen kann. Holzgefäße, die als Pflanzkasten vorgesehen sind, sind nicht wasserdicht. Wenn man diese Modelle als Miniteich verwenden will, muss man sie mit einer wasserdichten Folie auskleiden. Hierfür sollte man eine dünne, höchstens 0,5 mm starke Teichfolie verwenden. Sie ist stabil genug, lässt sich aber trotzdem gut formen und falten. Alternativ hierzu können auch passende Kunststoffeinsätze verwendet werden. Sie lassen sich einfach in die Holztröge hineinstellen oder einhängen.

Beim Bepflanzen des Holzkübels geht man folgendermaßen vor: Bevor Wasser eingefüllt wird, setzt man zuerst die Wasserpflanzen mit Wurzelballen in das Substrat ein, dann folgen die Seerosen in Pflanzkörben. Die Sauerstoff spendenden Unterwasserpflanzen werden entweder büschelweise in die Erde gedrückt oder unter einen Stein geklemmt. Dann deckt man das Pflanzsubstrat mit Kies ab, damit es beim Einfüllen des Wassers nicht so stark aufschwemmt. Zum Schluss werden die Schwimmpflanzen auf die Wasseroberfläche gelegt. Nach dem Bepflanzen sieht das Wasser zunächst braun und trüb aus. Die Erde setzt sich jedoch nach einigen Tagen ab und das Wasser klart auf.

Wasserspaß im Fass: Neben Hechtkraut schwimmen sich Wasserschönheiten wie Seerose, Muschelblume und Schwimmfarn frei.

SMART

Wenig ist genug

- Am Anfang setzt man maximal vier Wasserpflanzenarten in den Miniteich.
- Sie sollten Zeit haben, zu wachsen und sich zu entfalten.
- Später im Jahr kann man nachpflanzen.
- Am besten wirkt es, wenn eine offene Wasserfläche sichtbar bleibt.

Keramik: farbige Vielfalt

Schöne Keramikgefäße wirken schon für sich allein und benötigen nur wenige Wasserpflanzen. Die hierfür verwendeten Arten sollten daher nicht mit ihnen konkurrieren, sondern das Gefäß in seiner Wirkung unterstützen – alles zusammen soll eine harmonische Einheit bilden.

Keramikgefäße gibt es in vielen Variationen: Schlichte, einfarbige Töpfe, Kübel mit interessanten Lasuren und Ornamenten oder elegante Schalen. Sie kommen mit wenigen verschiedenen Pflanzenarten aus, da die Behälter für sich sehr gut wirken. Äußerst attraktiv sehen Keramiktöpfe mit einer eher zurückhaltenden Bepflanzung aus Gräsern und Binsen aus, was ihnen ein fernöstliches Flair verleiht. Die handelsüblichen Größen von Keramikkübeln beschränken sich auf ein bestimmtes Volumen. Daher sollte man nur Pflanzen auswählen, die einen vergleichsweise geringen Wasserstand benötigen. So kann unter Umständen aus der geplanten kleinen Teichlandschaft ein interessanter Miniatur-Sumpf entstehen mit Sumpfpflanzen wie Zwerg-Schwertlilien (*Iris pumila*), Rosen-Primeln (*Primula rosea*) und Zwerg-Binsen (*Scirpus palustris*), die am liebsten im flachen Wasser wachsen.

Zuerst die Pflanzen oder das Gefäß?

Kaufen Sie zunächst einen schönen Pflanzbehälter. Danach entscheiden Sie sich für die Pflanzen, die darin am besten zur Geltung kommen. Gelbe Sumpf-Schwertlilien passen sehr gut in einen blauen Keramiktopf, Blumenbinsen in einen Zinkeimer und Seerosen wirken sehr schön in einem Natursteintrog.

Wählen Sie maximal drei bis vier Pflanzenarten für den Behälter aus. Vergessen Sie neben den „herausragenden" Pflanzen nicht die Unterwasser- und Schwimmpflanzen in Ihrem Pflanzgefäß.

Zwischen den Pflanzen und dem Gefäß soll keine Konkurrenz entstehen, vielmehr geht es um eine harmonische Ausgewogenheit von Form, Farbe und Bepflanzung.

Dicht mit Korken und Glasur

Die Keramiktöpfe und -schalen müssen innen oder außen glasiert sein, sonst weicht kontinuierlich Wasser über die feinen Poren nach außen. Viele Gefäße haben im Boden eine Öffnung, da sie häufig als Pflanztöpfe verwendet werden. Um das Loch abzudichten, kann man einen passenden Korken einstecken. Er sollte nach Möglichkeit etwas nach unten herausragen, damit man das Wasser wieder einfach ablassen kann. Zu diesem Zweck legt man Topffüßchen unter den äußeren Rand des Gefäßbodens. Ein interessantes Keramikgefäß sollte natürlich gut sichtbar sein und deshalb in der Nähe des Wohnhauses auf der Terrasse oder einem belebten Sitzplatz stehen. Dabei muss man die Ansprüche der Pflanzen an ihren Standort immer berücksichtigten. Kleinwüchsige Blattschmuckpflanzen wachsen am liebsten an einem schattigen Platz. Blütenpflanzen brauchen reichlich Sonne.

SMART

Dreiergruppen sind chic!

- **Um Gefäße, Schalen und Töpfe geschickt anzuordnen, sollte man deren Anzahl und das Material berücksichtigen.**
- **Am schönsten wirkt immer eine Gruppe mit drei Gefäßen, die nach Möglichkeit verschiedene Größen haben sollten. Das schafft mehr Spannung.**
- **Besonders harmonisch sieht es aus, wenn alle Gefäße aus dem gleichen Material sind.**

Am sonnigen Standort gedeihen Seerose, Wassersalat und Schwimmfarn am besten.

Exotische Pflanzen in edlen Gefäßen

Ein ungefähr 40 cm hoher Keramiktopf mit einem Durchmesser von etwa 35 cm sieht besonders interessant aus, wenn man ihn mit folgenden Pflanzen besetzt: Schwanenblume oder Blumenbinse (*Butomus umbellatus*), Hechtkraut (*Pontederia cordata*), gelber Zwerg-Seerose (*Nymphaea* 'Sulphurea') und Wassersalat (*Pistia stratiotes*), der auch Muschelblume genannt wird. Bevor das Gefäß mit Wasser aufgefüllt wird, stellt man es zunächst an seinen zugedachten, sonnigen Standort. Später, wenn der Keramiktopf mit Pflanzen, Erde und Wasser gefüllt ist, ist er zum Tragen häufig zu schwer.

Man gibt etwa 15 cm mageres Pflanzsubstrat (Lehm-Sand-Gemisch) in das Gefäß und ordnet die Pflanzen gemäß ihrer Höhe gestaffelt an. Die Schwanenblume und das Hechtkraut pflanzt man in den Hintergrund,, damit später Seerose und Wassersalat nicht verdeckt werden. Anschließend setzt man die Seerose ins Wasser. Das Substrat im Gefäß und in den Pflanztöpfen deckt man mit Feinkies ab, damit es nicht durch das Wasser aufgeschwemmt wird. Nun füllt man vorsichtig Leitungswasser bis zu einer Höhe von 30 cm ein und legt den Wassersalat auf die Wasseroberfläche. ●

Weniger ist mehr

Wo auch immer Wasser verwendet wird, ob im Garten oder auf dem Balkon – es kommt auch in seiner kleinsten Form gut zur Geltung. Es sind häufig die zurückhaltenden Gestaltungen, die beeindrucken und Überraschungen bereithalten.

Vornehme Zurückhaltung

Der besondere Reiz liegt in der Reduzierung der verwendeten Elemente. Man sollte sich darauf beschränken, mit wenigen Mitteln und geringem Aufwand eine schöne Wirkung zu erzielen. Das ist die Kunst – die aber gar nicht schwierig zu erlernen ist.

Sicherlich ist es am Anfang nicht so einfach, wenn der Kopf voller Ideen ist, die man verwirklichen möchte. Aber man sollte vom Kauf verschiedener Töpfe in unterschiedlichen Materialien oder von einer Vielfalt an Dekorationsstücken Abstand nehmen. Häufig wird bei dem Zuviel an Dingen der Blick für das Wesentliche verstellt. Ein „Sammelsurium", das dem eigentlichen Zweck nicht mehr dient und vom Anblick des Wassers ablenkt, sollte man nicht verwirklichen.

Wie wäre es mit folgendem Gestaltungsvorschlag: Heben Sie einfach eine flache Mulde in einer Rasenfläche aus und legen Sie diese mit einem passenden Stück Teichfolie aus. Im Anschluss daran legen Sie ein Vlies zum Schutz der Folie darüber und füllen darauf verschiedenfarbigen Kies. Die Mulde kann ganz unterschiedliche Formen haben: kreisrund, quadratisch, oval oder herzförmig, alles ist möglich. Die Form kann man sehr schön mit größeren und dunklen Kieseln hervorheben. Am Rand lässt sich ein dekoratives Element platzieren, zum Beispiel ein aus Steinguss gefertigter Ammonit oder ein kunstvoll gefertigtes Schneckengehäuse aus Ton.

Jetzt kommen noch ein paar Pflänzchen des Wassersalates auf die kleine Wasserfläche. Aufgrund ihres ausdrucksvollen Wuchses und der Blattform dieser Schwimmpflanze benötigt man keine zusätzlichen Arten. Lediglich ein paar Muscheln als dekoratives Beiwerk sind eine schöne Ergänzung. Diese kleine Wasserszenerie sollten Sie gut sichtbar auf der Rasenfläche im unmittelbaren Terrassenbereich anlegen. Damit diese kleine Boden-

Ein bisschen Pflege muss sein

Etwas Zeit sollte man sich täglich nehmen, um den Wasserstand zu kontrollieren und Wasser nachzufüllen.

Besonders an heißen Tagen ist die kleine Wassermenge schnell verdunstet.

Überhand nehmende Pflänzchen müssen regelmäßig von der Wasseroberfläche abgesammelt werden, damit diese nicht innerhalb kurzer Zeit zuwächst.

Anmutig baden die zarten Pflänzchen des Wassersalats in dem kleinen Wassersee.

skulptur nicht allzu verloren wirkt, sollte man mit geeigneten Pflanzen einen harmonischen Übergang in den Garten finden. So kann man kleinwüchsige Gräser oder Binsen leicht versetzt oder in Gruppen angeordnet in den Randbereich des Arrangements pflanzen.

Für Balkon und Dachterrasse

Auf der Dachterrasse und dem Balkon lässt sich diese Mini-Wasserwelt ebenfalls realisieren. Man verwendet hierfür eine große, flache Schale und legt sie mit rundem, hellem Feinkies aus. Am Rand ordnet man größere runde Kieselsteine in einem dunkleren Farbton an. In der Mitte wird eine kleine Vertiefung ausgebildet und Wasser eingefüllt. Danach kommen einige Schwimmpflänzchen wie Feenmoos oder Schwimmfarn dazu. Die Schale sollte nach Möglichkeit windgeschützt und nicht in der prallen Sonne stehen. Da das Wasser aufgrund der geringen Tiefe und Menge sehr schnell verdunstet, muss man dieses reizvolle Gebilde aufmerksam beobachten und stetig mit Wasser auffüllen.

Was so zart und klein ist, braucht außerdem auch eine entsprechende Umgebung, um zur Geltung zu kommen. Für die Dauer der Miniteich-Saison sollte man einen ungehinderten Blick auf das Kleinod werfen können. Durch einen dezenten Hintergrund kann man die Aufmerksamkeit auf das Besondere im Vordergrund lenken. Ein einfarbiges, leicht strukturiertes Tischtuch, eine schlichte Stellwand oder eine hell gestrichene Mauer betont das aparte Arrangement sehr schön.

SMART

Schmucke Abwechslung

- **Auf die Wasserfläche kann man kleine Blütenköpfe von Rosen, Margeriten oder Flammenblumen legen.**
- **Es eignen sich auch zarte Pflänzchen des Schwimmfarns, die man einfach auf die Wasserfläche setzt.**
- **Mit kleinen Schneckenhäusern oder Muscheln kann man den Rand schmücken.**
- **Besonders dekorativ sind brennende Schwimmkerzen, die auf der Wasserfläche leuchten.**

Miniteiche bepflanzen
Schritt für Schritt

Ein Miniatur-Wassergarten im Topf ist ideal, um exotische Wasserpflanzen und duftende Seerosen zu genießen. Stellen Sie die kleine Wasserwelt in der Nähe Ihres Lieblingsplatzes auf.

Es ist ganz einfach, einen Miniteich auf Balkon, Terrasse oder im Garten zusammenzustellen. Besorgen Sie sich aus dem Gartencenter ein schönes Gefäß. In unserem Beispiel haben wir blau glasierte Töpfe in unterschiedlicher Höhe ausgewählt. Das eröffnet Ihnen die Möglichkeit, Wasserpflanzen mit verschiedenen Ansprüchen an die Wassertiefe in Ihr grünes Reich zu holen. Dazu passen blau und pinkfarben blühende Gewächse sowie Blattschmuckpflanzen. Handelt es sich nicht um Übertöpfe, sondern um Pflanzgefäße, müssen Sie das Abzugsloch verschließen. ●

Ein Teich im Topf – *mit dekorativen, verschieden hohen Gefäßen können Sie Sumpf- und Wasserpflanzen in Ihren Garten holen.*

1 Pflanzung vorbereiten

Stellen Sie das Gefäß auf und legen Sie alles bereit: Steine zum Variieren der Stellhöhen von Wasserpflanzen in Containern, Kiesel zur Dekoration, die Wasserpflanzen sowie eine Gießkanne. Legen Sie die Steine gemäß der Pflanzenansprüche an die Wassertiefe im Gefäß aus. Sumpfpflanzen müssen Sie so platzieren, dass der Topf nur knapp mit Wasser bedeckt wird.

2 Miniteich bepflanzen

Setzen Sie die Pflanzen möglichst bei bedecktem Himmel ins Wasser, denn so können ihre empfindlichen Blätter und Triebe nicht so leicht austrocknen. Mit Plastikcontainern lassen sich Pflanzen einfach in den Miniteich einsetzen. Bevor Sie die Pflanztöpfe einbringen, bedecken Sie die Erde mit einer Kiesschicht, damit das Substrat nicht ausgeschwemmt wird. Beschränken Sie sich auf eine Schwimmblattpflanze, eine Sumpfpflanze sowie ein „herausragendes“ Gewächs, dazu noch eine frei treibende Schwimmpflanze. Die niedrigen Pflanzen kommen nach vorne, Höherwüchsiges in den Hintergrund.

3 Wasser einfüllen

Hier müssen Sie vorsichtig vorgehen, damit nicht durch die Wasserkraft Substrat aufgewirbelt wird, das sich auf den Blättern absetzt – neben der reduzierten Lichtausbeute ein unschöner Anblick. Am besten füllen Sie das Wasser mit dem Brausekopf einer Gießkanne ein. Verwenden Sie einen Gartenschlauch, sollte das Wasser zunächst in eine kleine Schüssel und von dort aus ins Gefäß geleitet werden.

Wasserpflanzen für Miniteiche

Ufer-, Schwimmblatt- und Schwimmpflanzen sind wichtig: Sie reichern das Wasser mit Sauerstoff an und spenden Schatten.

Hauptsache, im Wasser

Es gibt Wasserpflanzen, die flache Zonen bevorzugen, andere stehen gerne in tiefem, kühlem Nass. Bei der Bepflanzung von Kübeln, Trögen oder Schalen sollten die Ansprüche der ausgewählten Pflanzenarten berücksichtigt werden. Natürlich gibt es auch Pflanzen, die mit wechselnden Wasserstandshöhen zurechtkommen. Beim Kombinieren verschiedener Arten ist es ratsam, sich nach den Vorlieben der kleinsten und schwachwüchsigsten zu richten. Eine geringe Wasserhöhe überstehen die meisten Arten in der Regel besser, als wenn sie zu tief gepflanzt werden. Wenn man nicht zuviel Zeit und Arbeit für die Pflege des Miniteiches aufwenden möchte, sollte man robuste und anspruchslose Pflanzen verwenden.

Aufgrund der beengten Verhältnisse im Pflanzkübel können stark ausbreitende Wasserpflanzen das Gefäß rasch zuwuchern. Was zuviel ist, muss immer wieder entfernt oder geteilt werden. Deshalb sollten Sie Arten und Sorten bevorzugen, die ein eher mäßiges Wachstum und einen geringen Ausbreitungsdrang haben. Je kleiner das Pflanzgefäß ist, desto genauer sollte man die Struktur und die Wuchsform der einzelnen Pflanzen beachten.

Zum Kombinieren eignen sich gut die Blumenbinse (*Butomus umbellatus*), die Zwerg-Binse (*Scirpus palustris*), der Eidechsenschwanz (*Houttuynia cordata*) oder die Sumpfdotterblume (*Caltha palustris*), von der es neben der einfachen, gelb blühenden auch weiße und gefüllte Vertreter gibt. ●

Blumenbinse

Butomus umbellatus

Rosa Eleganz

Die Blumenbinse, auch Schwanenblume genannt, ist eine der schönsten Wasserpflanzen.

Blüte: Besonders auffällig sind ihre zart-rosafarbenen Blüten, die locker an einer schirmförmigen Trugdolde angeordnet sind und auf hohen Stängeln sitzen. Die Blütezeit erstreckt sich von Juni bis September.

Blätter: Die Blumenbinse hat eine filigrane Struktur. Sie besteht aus dreikantigen, grasartigen Blättern sowie über einen Meter langen Stielen, die sich elegant im Wind wiegen.

Wassertiefe: Am Naturstandort wächst die Pflanze in oder entlang von sumpfigen Gräben. Da sie nur eine geringe Wassertiefe benötigt, sollten die Wurzelstöcke nicht tiefer als 30 cm gesetzt werden.

Sumpfdotterblume
Caltha palustris

Kompaktes Blütenwunder

Das strahlende Gelb der Sumpfdotterblume bringt im Frühjahr Farbe zwischen grüne Pflanzen.

Blüte: Mit der heimischen Pflanze kommen auch die ersten Farbtupfer in den Miniteich. Ab März öffnen sich unzählige goldgelbe Blüten. Häufig blühen sie im Sommer ein zweites Mal.

Blätter: Besonders attraktiv sind ihre am Rande gezähnten, herzförmigen Blätter. Sie sind glänzendgrün und sitzen locker auf den langen Stängeln. Sie hat eine kompakte Wuchsform.

Wassertiefe: Die Sumpfdotterblume wächst an schattigen, sumpfigen Standorten sowie an Bach- und Teichrändern. Da sie maximal 10 cm tiefes Wasser benötigt, kann man sie gut in eine flache Schale pflanzen.

Tannenwedel
Hippuris vulgaris

Filigranes Allroundtalent

Wie kleine Nadelbäume ragen die weichen Triebe des Tannenwedels über das Wasser hinaus.

Blüte: Die Blüten der Ausläufer bildenden Staude sind unscheinbar. Sie kommen von Mai bis August zum Vorschein. Augenfälliger als die Blüten sind die filigranen Triebe dieser Blattschmuckpflanze.

Blätter: Die nadelartigen Blätter stehen quirlig um den hohlen Stängel. Sie bilden einen besonders schönen Kontrast zu den kompakten Blättern anderer Sumpfpflanzen.

Wassertiefe: Diese wüchsige Pflanze eignet sich nicht nur für flaches Wasser. Sogar in tieferen Zonen von bis zu 50 cm kann die Unterwasserpflanze mit ihrem kriechenden Wurzelstock gedeihen.

Eidechsenschwanz
***Houttuynia cordata* 'Chamäleon'**

Bunter Blattschmuck

Der Eidechsenschwanz ist mit den marmorierten Blättern etwas Besonderes.

Blüte: Zwischen dem bunten Blättermeer und umgeben von vier weißen Hochblättern sitzen die auffälligen, walzenförmigen Blütenähren. Ihre Blütezeit ist von Juli und August.

Blätter: Die bunten, herzförmigen Blätter haben einen auffällig metallischen Geruch. Die kompakte Pflanze wird ca. 30 cm hoch und lässt sich gut mit Schwanenblume und Zwergbinse kombinieren.

Wassertiefe: Diese Sorte des Eidechsenschwanzes verträgt nur flaches Wasser. Deshalb sollte der Wasserstand dieser interessanten Blattschmuckpflanze maximal 10 cm betragen.

Sumpf-Schwertlilie *Iris pseudacorus*

Die Sumpf-Schwertlilie wächst in etwa 10 bis 20 cm tiefem Wasser. Sie ist sehr robust, starkwüchsig und kann bis zu 1 m hoch werden. Daher benötigt sie größere Behälter, etwa ein altes Holzfass. Sie steht gerne in der Sonne, begnügt sich aber auch mit halbschattigen Plätzen. Ab Mitte Juni zeigen sich zahlreiche goldgelbe Einzelblüten zwischen den schwertförmigen Blättern. Wenn man sie vermehren möchte, sollten die Samenstände unbedingt ausreifen und aufplatzen können. Es ist aber auch möglich, während der Vegetationsruhe ihre dickfleischigen Rhizome zu teilen und die Teilstücke einzusetzen.

Gold-Felberich *Lysimachia punctata*

Die dicht buschig wachsende Pflanze steht am liebsten im flachen Wasser an den Rändern von Bächen und Teichen, kommt aber auch mit frischen, nährstoffreichen Böden zurecht. Ihre schmalen, weichbehaarten Blätter sitzen quirlartig an dem festen Stängel. Darüber sitzen in kleinen Gruppen angeordnet die sternförmigen Blüten, die von Juni bis August goldgelb erstrahlen. Die Pflanze wird im Durchschnitt 80 cm hoch und macht auch als Schnittblume in einer hohen Vase eine gute Figur. Da der Gold-Felberich sich stark ausbreitet, muss er regelmäßig ausgelichtet werden.

Blutweiderich *Lythrum salicaria*

Der Blutweiderich ist eine heimische und mehrjährige Staude. Er hat einen straff-aufrechten Wuchs bei einer Höhe von 1 m. Besonders auffällig sind die zahlreichen violettroten Blüten, die eine kerzenförmige Rispe bilden. Sie blühen von Juni bis September. Hier lassen sich gerne Schmetterlinge nieder. Die Pflanze eignet sich bestens für die Einzelpflanzung und kann daher gut in große Kübel oder Fässer gepflanzt werden. Neben einem Wasserbecken – oder erhöht gestellt auch in einem Gefäß – zusammen mit rosafarbenen Seerosen kommt die Pflanze traumhaft schön zur Geltung.

Gauklerblume *Mimulus luteus*

Die anspruchslose Sumpfpflanze bedeckt schnell größere Flächen. Interessant sind ihre trompetenförmigen gelben Blüten, die von Mai bis August um die Wette blühen. Da sie gerne in sumpfigen Böden steht, benötigt sie in einem flachen Gefäß nur wenig Wasser. Sie liebt es gern sonnig, verträgt aber auch Halbschatten und sät sich leicht aus. In der Natur findet man sie an Teichen und Bachrändern. Aufgrund ihrer geringen Wuchshöhe von 30 cm wirkt sie besonders schön neben einem Sprudelstein.

Hechtkraut *Pontederia cordata*

Besonders auffällig an dieser Uferpflanze sind ihre leuchtendblauen Blütenähren. Sie passen farblich sehr gut zu allen rosa- und pink blühenden Pflanzen, etwa Blumenbinse oder Rosen-Primeln. Zwischen den Blüten fächern sich die aufrechten, herzförmigen Blätter auf. Diese ragen an langen Stielen von 50 cm über die Wasserfläche hinaus. Das Hechtkraut blüht den ganzen Sommer von Juni bis September und steht am liebsten in der vollen Sonne in einem großen Kübel mit lehmiger Teicherde. Da sich das Hechtkraut über Wurzelknollen stark ausbreitet, sollte man pro Behälter lediglich eine Pflanze verwenden.

Pfeilkraut *Sagittaria sagittifolia*

Die pfeilförmigen Blätter haben dieser Pflanze zu ihrem Namen verholfen. Ihre zarten, weißen Blüten sitzen zu mehreren an langen Stängeln inmitten der pfeilförmigen Blätter und zeigen sich von Juni bis Juli. Die Pflanze wächst bis zu einem halben Meter über das Wasser hinaus. Im Gegensatz zu ihrer Verwandten ***Sagittaria latifolia*** eignet sie sich hervorragend für flache Becken und Kübel, da sie mit wenig Wasser zurechtkommt. Sie vermehrt sich über Ausläufer aus ihrer Wurzelknolle. Sie entsendet Überwinterungsknospen (Hibernakel) gen Teichboden, die im nächsten Frühjahr wieder aufsteigen und austreiben.

Igelkolben *Sparganium simplex*

Der Igelkolben ist eine Wasserpflanze mit riemenförmigen Blättern, die sowohl im Sumpf als auch in tieferem Wasser stehen kann. Sehr auffällig sind seine namensgebenden stacheligen Fruchtstände. Eher unscheinbar dagegen sind die kugeligen, grünlich-weißen Blüten, die rispenartig angeordnet sind. Der Igelkolben benötigt sumpfige Böden, ansonsten kann er sowohl in der Sonne wie auch im Halbschatten stehen und verträgt schwankende Wasserstände. Man kann ihn in eine flache Schale oder einen höheren Kübel setzen. Er erreicht eine Höhe von bis zu 50 cm über der Wasserfläche.

Zwerg-Rohrkolben *Typha minima*

Der Zwerg-Rohrkolben wächst besonders gut in kühlem Wasser. Auch wenn er nur eine Pflanztiefe von 10 cm benötigt, sollten größere Kübel verwendet werden, die sich nicht so leicht erwärmen können. Seine charakteristischen Blüten und Fruchtkolben sind rundlich, zierlich und braun und erscheinen von Juni bis Juli. Die Pflanze liebt sumpfige Böden in vollem Sonnenschein. Die grazilen, fast 40 cm langen Halme können leicht umknicken. Um sie vor Wind zu schützen, sollten sie von anderen Sumpfpflanzen umrahmt werden.

Feenmoos *Azolla caroliniana*

Das Feenmoos hat sehr feine Blattstrukturen. Um es genauer betrachten zu können, sollte man es in Sichtnähe platzieren. Es breitet sich rasch aus und bildet eine geschlossene Pflanzendecke. Dadurch verhindert es das Aufkommen und Ausbreiten von Algen. Jedoch sollten überhand nehmende Pflanzen regelmäßig von der Wasseroberfläche abgefischt werden, um ein Überwuchern zu verhindern. Feenmoos ist nicht winterhart. Man kann die Pflanzen aber in einer mit Wasser gefüllten Schale hell und warm im Haus überwintern oder einfach im nächsten Jahr neu zukaufen.

Wasserhyazinthe *Eichhornia crassipes*

Die aparten blauen Blüten der Wasserhyazinthe gleichen einer Orchidee. Mit Hilfe des luftgefüllten Gewebes in den blasigen Trieben schwimmt sie auf der Wasserpberfläche. Sie gedeiht am besten in voller Sonne. Die zum Wachsen notwendigen Nährstoffe entnimmt sie direkt dem Wasser und entzieht somit den Algen die Lebensgrundlage. Die aus den Tropen stammende Pflanze kommt hervorragend mit stark erwärmtem Wasser zurecht. Leider ist sie nicht frosthart. Daher sollte sie hell und bei etwa 15° C in einer flachen Schale oder in einem Aquarium überwintern (siehe Seite 60f.).

Froschbiss *Hydrocharis morsus-ranae*

Die runden, ledrigen Blätter des Froschbisses liegen auf und knapp unter der Wasseroberfläche. Er entwickelt kleine, zartweiße Blüten, die zwischen den Blättern hervorschauen. Mit seinen Trieben und Wurzeln verankert er sich gerne an Halmen von Blumenbinse oder Rohrkolben. Die Schwimmpflanze steht gerne an einem sonnigen bis halbschattigen Ort in kalkarmem Wasser. Der Froschbiss ist leicht zu pflegen und winterhart. Vor Beginn der kalten Jahreszeit bildet er Überwinterungsknospen, die auf den Boden des Pflanzgefäßes sinken. Dort überdauert die Pflanze bis zum kommenden Frühjahr.

Seerose *Nymphaea laydeckeri* 'Rosea'

Diese für Miniwassergärten geeignete, schwachwüchsige Seerosen-Sorte ist eine wirkliche Wasserschönheit. Ihre kleinen, duftenden Blüten sind in einem kräftigen Lilarosé gefärbt. Auch die breiten Schwimmblätter sind etwas Besonderes. Sie glänzen leuchtend grün und sind auf der oberen Seite braun marmoriert. Seerosen wachsen am liebsten in der Sonne; sie blühen von Juni bis September. Diese Sorte benötigt eine Wassertiefe von mindestens 20 cm, um sich wohlzufühlen. Winterhart ist sie bei dieser geringen Wassertiefe aber nicht.

Seerose *Nymphaea* 'Sulphurea'

Sie ist ein echter Sonnenstar und ihre knallgelben, sternförmigen Blüten sind eine Besonderheit: Sie sitzen an langen Stielen, die bis zu 20 cm über der Wasseroberfläche stehen. Wenn sie aufgeblüht sind und sich ausgebreitet haben, füllen die großen, leuchtenden Blütensterne mit fast 20 cm Durchmessern fast das gesamte Pflanzgefäß aus. Diese Sorte sollte in einen großen Kübel oder in ein Fertigteich-Becken gesetzt werden, da sie eine Wassertiefe von bis zu 70 cm benötigt. Für kleinere Miniwassergärten in Töpfen und Schalen sollten Sie lieber Zwerg-Seerosen wie die links abgebildete Sorte 'Rosea' verwenden.

Muschelblume *Pistia stratiotes*

Die kleinen schwimmenden Blattrosetten sehen aus wie kleine Salatköpfe, daher auch das Synonym „Wassersalat". Die Pflanze entwickelt sich am besten bei Sonne bis Halbschatten und braucht nur wenig Wasser. Man legt die Pflanze einfach auf die Wasseroberfläche und sie verdriftet mit der Wind- und Wasserbewegung. Die tropische Wasserpflanze fühlt sich in warmem Wasser wohl. Sie ist nicht winterhart, man kann sie aber in ein Gefäß mit temperiertem Wasser setzen und auf der Fensterbank bei Zimmertemperatur durch den Winter bringen (siehe Seite 60f.).

Schwimmfarn *Salvinia natans*

Diese kleine, zierliche Pflanze bevorzugt ruhige Wasserflächen. Die Pflanzentuffs können bei genügend Individuen eine geschlossene Pflanzendecke bilden. Sie beschatten den Untergrund, verhindern damit die Erwärmung und entziehen dem Wasser überschüssige Nährstoffe. Algen haben es hier besonders schwer, sich auszubreiten. Zum Überwintern sammelt man im Herbst die kleinen Pflänzchen mit Sporenkapseln vom Wasser ab und lässt sie im flachen Wasser an einem kühlen Ort ruhen. Scheuen Sie die Mühe der Überwinterung, können Sie im nächsten Frühjahr neue Pflanzen zukaufen.

Wassernuss *Trapa natans*

Diese heimische Schwimmpflanze hat ein bizarres Aussehen: Ihre Blattrosetten bestehen aus rautenförmigen, gezackten Blättern, die sich im Herbst dunkelrot verfärben. Sie besitzt Nussfrüchte, die sogar essbar sind. Die Wassernuss lässt sich sehr leicht vermehren. Man sammelt einfach die reifen Früchte im Herbst ab und lagert sie feucht und frostgeschützt. Im Frühjahr drückt man sie in die feuchte Teicherde. Die Wassernuss bevorzugt einen sonnigen Standort in kühlem, ruhigem und nährstoffreichem Wasser.

Bewegtes Wasser

Springbrunnen selber bauen

Unter der stilisierten Seerosenblüte aus Steinguss liegt das Geheimnis einer Quelle verborgen. Ein Springbrunnen-Set mit Pumpe sorgt für sprudelnde Wasserfreuden im Garten. Man braucht dafür einen Strom-, aber keinen Wasseranschluss.

1 ◂ Loch ausheben Auf einer Rasenfläche in einer lauschigen Gartenecke zwischen Stauden und Gräsern ist der ideale Ort für einen kleinen Springbrunnen. Hierfür legt man die Abdeckung des Sets auf den Boden und markiert den Umfang des Springbrunnens, indem man mit dem Spaten die Grasnarbe einsticht. Danach hebt man ein Loch aus, das der Tiefe des Wasserbehälters entspricht.

2 ▸ Pumpe anschließen Den Wasserbehälter setzt man zunächst in die ausgehobene Grube. Die Pumpe legt man auf den Behälterboden. Nun koppelt man ein Standrohr beziehungsweise einen Schlauch an die Pumpe für den Seerosen-Springbrunnen. Das Stromkabel führt man nach oben und verlegt es über den Rasen zum nächstgelegenen Anschluss. Danach wird das Wasser bis knapp unter die Oberkante des Gefäßes eingefüllt.

3 ▴ Technik kaschieren Wenn der Deckel aufgelegt und der Aufsatz des Wasserspiels aufgesteckt ist, bedeckt man die Deckelfläche mit Kies. Um den Deckel herum wird ein 20 cm breiter Kiesrand mit großen Kieselsteinen ausgebildet. Damit das Stromkabel auf dem Rasenstück bis zur unterirdischen Verlegestelle nicht auffällt, kaschiert man es mit Steinen oder Pflanzen.

Pumpenschwengel: in neuem Glanz

Wasserpflanzen spielen nicht immer die „erste Geige“ bei Wasserspringbrunnen, besonders wenn es sich um einen außergewöhnlichen Brunnen wie in unserem Beispiel handelt. Hier sollten nur wenige Pflanzen verwendet werden, um den kunstvoll gestalteten Steintrog mit nostalgischer Wasserpumpe wirken zu lassen. Sie weisen aus der Entfernung lediglich auf das vorhandene Wasser im Brunnen hin. Beim Nähertreten wird man auf ein leichtes und stetiges Plätschern aus dem Pumpenkopf aufmerksam.

Nostalgisches Flair

Ein nostalgischer Brunnen weckt Erinnerungen an vergangene Zeiten und an Großmutters farbenfrohen Bauerngarten. Eine Zeit, in der man das Wasser mit Hilfe des Pumpenschwengels nach oben pumpte, um es anschließend mit dem Eimer aus dem Brunnenbecken zu schöpfen. Heute hat man’s einfacher: Man bedient sich dazu einer elektrisch betriebenen Pumpe. Da ein Brunnen immer aus zwei Teilen besteht, nämlich der Brunnenpumpe und dem Brunnenbecken, kann man sehr schön alte Materialien mit neuen kombinieren. Allerdings sollte man darauf achten, dass die ausgewählten Stücke in Form und Material zueinander passen. Alte Fund- oder Sammlerstücke von Schwengeln und Steintrögen bieten sich hervorragend an, um einen Brunnen im Garten zu bauen. Romantisches Flair bekommt ein Brunnentrog, wenn im Laufe der Zeit durch das Regenwasser eine grüne Patina angesetzt wird. „Verwunschen“ wirkt es, wenn man ihn zudem noch von Efeu überranken lässt.

Treffpunkt Brunnen

Als Sinnbild der nie versiegenden Quelle stellt ein Brunnen einen willkommenen Treffpunkt im Garten dar. An einem Sitzplatz mit

Strom & Wasser – kann das Probleme geben?

Man sollte für die mit Strom betriebene Pumpe im Wasser einen FI-Sicherheitsschalter verwenden. Das ist ein sensibler Schalter, der bei der geringsten Fehlerstrommeldung die Stromzufuhr unterbricht.

Man kann ihn als Einzelgerät beziehen und ihn einfach zwischen Steckdose und Unterwasserpumpe anschließen.

Bei einer Fehlerstrommeldung schaltet das Gerät innerhalb von 30 Sekunden den Strom ab.

Unterwasserpumpen haben ein Gehäuse, das spritzwassergeschützt ist. Für die Verwendung im Freien sind sämtliche Fabrikate vom TÜV zugelassen.

belebendem Wasser hält man sich gerne zum Verweilen und Ausruhen auf. Ein Brunnen wirkt sehr reizvoll in der Nähe eines Gartenhauses, aber auch in einer schattigen Ecke unter einer ausladenden Baumkrone. Hier kann man herrlich entspannen und dem Wasser mit seinem erfrischenden Plätschern angenehm nah sein. Viel Wasser braucht dazu im Brunnenbecken nicht vorhanden sein. Aber man sollte es regelmäßig auffüllen, denn besonders in den Sommermonaten kann es schnell verdunsten.

Ein Brunnenbecken eignet sich hervorragend als Vogeltränke. Allerdings sollte es zu diesem Zweck nicht bepflanzt sein. Das Wasser muss hier regelmäßig erneuert werden. Es ist schön zu beobachten, wenn sich Vögel zum Trinken einfinden und auf dem Brunnenrand Rast machen.

Die alte Brunnenpumpe ist nur Zierde und dient als Wasserspeier. Zugleich ist sie ein stimmungsvoller Treffpunkt im Garten.

Kreislauf des Wassers

Eine Umwälzpumpe sorgt dafür, dass das Wasser kontinuierlich läuft. Zunächst saugt die Pumpe das Wasser aus dem Brunnenbecken an und pumpt es über einen Verbindungsschlauch nach oben, wo ein feiner Wasserstrahl aus dem Brunnenkopf läuft. Dafür benötigt die Pumpe Strom. Ein im Boden eingegrabenes Kabel führt zum nächstmöglichen Anschluss. Über Nacht und während der Wintermonate sollte man die Pumpe ausschalten. Bevor die kalte Jahreszeit Einzug hält, muss das gesamte Wasser aus dem Becken herausgepumpt werden. Hierzu kann man einfach die Unterwasserpumpe verwenden, indem man den Kunststoffschlauch nicht in den Brunnenkopf führt, sondern ihn über den Rand des Brunnenbeckens hängt und die Pumpe startet. Manche Steintröge besitzen auch einen Auslaufstutzen.

SMART

Antiker Schmuck

- **Außergewöhnliche Stücke kann man auf Trödler- und Flohmärkten finden.**
- **Bei einem funktionsfähigen Schwengel können Sie über eine Zisterne das Wasser per Hand nach oben pumpen. Ansonsten nehmen Sie den Schwengel als Dekoration und lassen per E-Pumpe das Wasser hindurchfließen.**

Sprudelsteine: sanftes Plätschern

Wer auf Wasser im Garten nicht verzichten möchte, jedoch aus Sicherheitsgründen offene Wasserflächen meiden will, entscheidet sich häufig für einen Sprudelstein. Das Wasser lässt sich so herrlich genießen, denn man kann es sehen, hören und berühren, ohne dass es eine Gefahr für kleine Kinder darstellt. Ein Sprudelstein lässt sich allerdings nur auf einer Terrasse mit genügend Platz in die Tiefe oder in einem Garten realisieren, denn Sie benötigen ein unterirdisches Rücklaufsystem.

Zwischen Funkien und Frauenmantel plätschert das Wasser über den Stein, versickert in einer Zisterne und tritt am Bohrloch wieder zutage.

Leichtes Sprudeln über Steine

Sprudelsteine setzen bereits nach kurzer Zeit eine Schicht grüner und brauner Algen an. Durch diese Patina wirken sie noch interessanter. Wer das nicht mag, kann den Belag mit einem scharfen Wasserstrahl und einer Bürste regelmäßig entfernen. In schattigen Gartenecken wirken Sprudelsteine besonders reizvoll. Etwas versteckt gelegen, kommt das geheimnisvolle Plätschern des Wassers einer sprudelnden Quelle gleich – umgeben von interessanten Farnen und großen Blattstauden, die eine hohe Luftfeuchtigkeit lieben. In die Zwischenräume legt man zur Auflockerung vereinzelt größere Kieselsteine.

Wenn der Sprudelstein von allen Seiten sichtbar sein soll, verwendet man möglichst nur kleinwüchsige oder bodendeckende Pflanzen, um die Sicht auf das

Wasser nicht zu verstellen. Wenn er zum Nachbarn abgeschottet werden soll, setzt man in den Hintergrund hohe Pflanzen mit dezenten Blattstrukturen, damit der sprudelnde Stein nicht im Blättermeer verschwindet.

Querschnitt durch den Sprudelstein: Das Wasser wird über ein Steigrohr durchs Bohrloch geführt und rieselt über den Stein in die Zisterne.

Blick hinter die Kulissen

Ein geschlossener Wasserkreislauf ist die Voraussetzung, damit Steine sprudeln. Hierfür benötigt man ein unterirdisches Wasserbecken, das groß genug sein muss, um eine Tauchpumpe darin unterzubringen. Es muss so eingegraben sein, dass der Rand des Gefäßes mit der Erdoberfläche abschließt. Im Boden versenkt, wird es mit Wasser gefüllt. Die Pumpe stellt man auf den Beckengrund und führt den Verbindungsschlauch nach oben. Danach legt man ein Gitterrost auf den Rand und zieht sowohl das Stromkabel als auch den Schlauch nach oben durch den Rost hindurch. Dann führt man das Kabel über den Zisternenrand und verlegt es im Boden zum nächsten Stromanschluss. Gegen Verunreinigungen und gleichzeitig zum Schutz der Pumpe breitet man ein Vlies auf dem Gitter aus.

In einen großen Stein lässt man ein Loch bohren . Die Öffnung sollte nur so groß sein, dass das Verbindungsrohr zur Pumpe gerade hindurchpasst. Es sollte mit dem Sprudelstein bündig abschließen. Nun legt man den Stein auf den Rost. Zum Schluss ordnet man kleinere Steine zu einer Gruppe mit dem Sprudelstein an. An den Rand pflanzt man Stauden und füllt andersfarbige Kieselsteine zum Kaschieren des Zisternenrandes auf. Wenn die Pumpe angeschlossen und angeschaltet ist, pumpt sie das Wasser nach oben.

SMART

Schöne Sprudelsteine

- **Ein Findling eignet sich hervorragend als Sprudelstein.**
- **Er hat allerdings kein Loch in der Mitte, durch das Wasser nach oben steigen kann.**
- **Lassen Sie die Bohrung von einem Steinmetz durchführen, falls Sie hierfür keinen leistungsfähigen Bohrer mit passendem Aufsatz haben. Wichtig zu wissen: Maße des Steigrohres!**

Blaue Keramik: schlicht & schön

Ein schönes Wasserspiel braucht nicht viel Drumherum, es kommt sogar gänzlich ohne Pflanzen aus. Hier wirken Gefäß, die Einbettung im Raum und die Gestaltung des Miniwassergartens für sich. Wenn die Umgebung zurückhaltend gestaltet ist, kann man sich ohne Ablenkung der angenehmen Melodie des Wassers hingeben. Bei einem Aufenthalt an heißen Sommertagen findet man neben einem plätschernden Wasserspiel die nötige Ruhe. Um die Pflanzenpflege braucht man sich keine Gedanken zu machen.

Dezente Umgebung

Die Umgebung und die Bepflanzung beeinflussen die Gesamtwirkung des Wasserspiels. Üppig blühende Stauden ziehen die Aufmerksamkeit des Betrachters auf sich. Man sollte immer einen dezenten Hintergrund wählen, sei es durch Pflanzen oder bauliche Elemente. Eine rostrote Ziegelmauer wie in unserem Beispiel bildet einen mit dem grünen Blattwerk harmonierenden Rahmen. Bei den Pflanzen sollte man klare und einfache Blattstrukturen bevorzugen.

Herrlich schattig!

Im Schatten einer Mauer oder eines großen Baumes ist der ideale Platz für einen Wasserspeier. Wasser und Pflanzen sind hier nicht der Erwärmung und Algenbildung ausgesetzt.

Es gibt zahlreiche Sumpf- und Wasserpflanzen mit interessanten Blatt- und Wuchsformen, wie zum Beispiel Binsen oder Froschlöffel, die gut im Schatten gedeihen.

Bunte Kieselsteine verteilt man locker zwischen den Stauden. Auch Tonvasen in verschiedenen Größen, zu einer Gruppe arrangiert, sind eine schöne Deko-Idee.

Technik im Hintergrund

An der Backsteinmauer ist genau der richtige Standort für eine traumhaft schöne, türkisblaue Keramikvase. Über sie ergießt sich frisches Quellwasser, umspielt sanft ihre bauchige Form und bringt die blassen Farben zum Leuchten. Scheinbar unsichtbar und lautlos versickert das Wasser zwischen den großen Kieselsteinen und landet im unterirdischen Auffangbecken. Von hier aus wird es über ein Rohr, das hinter der Mauer verläuft, wieder nach oben gepumpt. Es tritt schließlich aus der Tonröhre wieder hervor und läuft in die große Keramikvase.

Natürlich gestaltet

Der Wasserspeier bekommt dezente, natürlich wirkende Elemente wie Kieselsteine und Schwertlilie zur Seite. Solch ein kleiner Platz im Garten kann zurückhaltend gestaltet, aber sehr ausdrucksstark sein. Das Besondere an diesem Ort ist das sanfte Plätschern des Wassers, das zum Verweilen einlädt. Hier zählt der bewusste Umgang mit unterschiedlichen Materialien, die sich harmonisch in ihre Umgebung einfügen und sich nicht in den Vordergrund drängen. Unschöne Ränder, wie zum Beispiel von dem im Boden versenkten Auffangbecken für das Wasser, sowie verlegte Stromleitungen lassen sich leicht mit Kies, Rasensoden oder Pflanzen kaschieren. Die verwendeten Materialien sollten sich in die Umgebung einfügen. Dazu eignen sich heller Kies und verschiedenfarbige Kieselsteine. Auch Kugeln aus

Eine erfrischende Oase im kühlen Schatten einer Ziegelmauer; gut zu verwirklichen in kleineren Innenhöfen und Mauergärten.

Ton, Glas und Keramik können je nach Geschmack und Situation in die Gartenszene integriert werden.

Mit Licht inszenieren

Etwas aufwändiger, dafür aber umso interessanter kann man diesen lauschigen Platz mit Hilfe von künstlichem Licht gestalten.
Über einen Spotstrahler auf einem Sockel oder Erdspieß kann der schmale Lichtstrahl gezielt auf das Wasser oder das Gefäß ausrichtet werden.
Eine ganz andere Wirkung ruft ein im Boden versenkter Strahler hervor, der einen breiten Lichtstrahl erzeugt. Diesen kann man auf den Hintergrund lenken und diesen eher indirekt mit ins Spiel bringen. Mit diffusem Licht ist der Wasserspeier zwar nur schemenhaft im Dunkeln erkennbar, aber das bringt Spannung in die Wasserszenerie.
Auch mit Kerzen und Fackeln lässt sich – besonders an lauen Sommerabenden – ein romantisches Lichtspiel herbeizaubern. Traumhaft schön sind Schwimmkerzen, die man auf die Wasseroberfläche einer dekorativen Schale setzt. Auch mehrere Schalen machen sich gut; sie werden um den Wasserspeier herum in die Kiesfläche integriert. Sie tauchen das Wasserspiel in ein stimmungsvolles Licht.

SMART

Leicht zu leeren

Wenn große Gefäße mit Wasser gefüllt sind, sind sie häufig schwierig zu entleeren. Zum Auspumpen von großen Becken und Kübeln kann man einfach die Unterwasserpumpe verwenden. Zu diesem Zweck bleibt die Pumpe im Gefäß liegen und der Verbindungsschlauch wird aus dem Wasserbehälter heraus geführt. Dann wird die Pumpe angestellt.

Ideen für schöne Wasserspiele

Für einen interessantes Wasserspiel findet sich immer ein Platz – ob auf dem Balkon, der Terrasse oder am Hauseingang. Und selbst in der kleinsten Ausführung sehen sie reizvoll, anmutig oder witzig aus.

Wasserspeiende Figuren gibt es zahlreich und in verschiedenen Größen: Ob kleiner Froschkönig in Keramik, anmutige Feen aus Bronzeguss oder pausbäckige Putten aus Naturstein. Wem das alles zu verspielt ist, kann auch auf moderne Skulpturen aus unterschiedlichen Materialien zurückgreifen. Will man Figuren aufstellen, sollten diese sicher stehen und nicht umkippen können. Man verankert sie am besten mit etwas Mörtel auf einer Steinplatte. Bei besonders schweren wasserspeienden Skulpturen empfiehlt es sich vorab, einen standfesten Betonsockel zu bauen. Damit das enorme Gewicht nicht in Schieflage gerät, sollte der Boden durch eine Kiesschicht stabilisiert werden. Zu einem Wasserspeier gehört natürlich auch ein Becken, um das austretende Wasser aufzufangen. Hier liegt auch die Pumpe mit einem Schlauch, durch den das Wasser immer wieder nach oben zur Austrittsöffnung der Skulptur gepumpt wird.

1

◂ Sanftes Flötenspiel
Auf dem hellen Stein spielt der Junge auf der Flöte. Statt sphärischer Flötenklänge spielt das Wasser seine eigene Melodie. Der große Stein bietet neben dem Platz für einen Flötenspieler auch eine Aussparung, in die man schöne Pflanzen einsetzen kann. Neben der Figur des Flötenspielers gibt es auch noch andere „märchenhafte“ Skulpturen, beispielsweise zierliche Elfen und spitzohrige Elben.

2

Versunken im Wasser ▸
Wie ein kleiner Geist scheint die Figur aus der Tiefe des Wassers zu kommen, um das kühle Nass immer wieder auszuspucken. Umrahmt von zarten Wasserpflanzen taucht der Kopf auf. Am Hauseingang überrascht er so manchen Gast, ist aber auch im Garten ein witziger Blickfang. Dieser in Bronze gegossene und mit einer grünen Patina überzogene „Wassermann" besteht nur aus dem Kopf und zwei Händen, die einfach auf den Rand eines mit Wasser gefüllten Fasses gesteckt werden. Die Pumpe wird über ein Steigrohr mit dem Gesicht verbunden.

3

◂ **Froschkönig** Auf einem Stein zwischen grünen Blättern und leuchtenden Blüten sitzt er stolz, der König aller Frösche. Und bis er wach geküsst ist, spritzt er in weitem Bogen das Wasser immer wieder vor sich aus. Es landet in einem kleinen Becken, wo Schwimmfarn und Wasserhyazinthe auf den Wellen des Wassers tanzen. Hier versteckt sich eine kleine Tauchpumpe im Wasser, von wo aus ein Plastikschlauch – gut von der Blattmasse kaschiert – zur Rückseite des Bronzefrosches verläuft. Für dieses reizende Wasserspiel sollte man im Garten einen Platz im Schatten bereitstellen.

Wandbrunnen: besonderes Flair

Ein Drachen, der kein Feuer spuckt, sondern Wasser speit. In einer kleinen Gartennische, umgeben von großen Blättern der Funkie, einer Zimmercalla (*Zantedeschia*) und einer üppigen Wasserhyazinthe, sitzt der Wasserspeier an einer alten Ziegelmauer über dem Brunnenbecken. Eine mystische Gartenszene – selbst die Wasserpflanzen haben hier ihren besonderen Reiz. Die gesamte Oberfläche ist von Schwimmfarn bedeckt. Eine Wasserstelle an einer Mauer ist ein besonderer Blickfang, vor allem wenn Pflanzen die Atmosphäre unterstreichen. Bei wenig Platz sollte man sich für eine schlichte und zurückhaltende Bepflanzung entscheiden. Dafür eignen sich Kletterpflanzen wie Efeu. Er bietet mit seinen dreilappigen, einfarbigen oder panaschierten, immergrünen Blättern nicht nur einen schönen Anblick, sondern eignet sich auch sehr gut zum Kaschieren des Wasserrohrs und der Stromleitung.

Eine lebende „Patina" aus Schwimmfarn überzieht die Oberfläche des Brunnenwassers – eine mystische Wirkung!

Der „Bauplan"

Ein wasserspeiender Drache kommt an einer lauschigen Ecke des Gartens sehr gut zur Geltung. Allerdings benötigt er einen ganz besonderen Hintergrund. Damit eine mystische Stimmung aufkommt, sollte man eine verwitterte Ziegelmauer in einer schattigen Nische auswählen. Dazu stellt man Kübel mit großblättrigen Schattenstauden auf und lässt die Mauer von Efeu beranken. Eine Pumpe, die im Bassin steht, befördert das Wasser über einen verborgenen Schlauch zu der Wasserdüse, die sich im Drachenkopf befindet. Hier tritt das Wasser als feiner Strahl zutage.

Wenn eine vorhandene Mauer von der rückwärtigen Seite aus für den Anschluss der Wasser- und Stromleitung nicht zugänglich sein sollte, kann man zum Anbringen des Speiers eine kleine, freistehende Mauer errichten. Allerdings sollte sie die nötige Standsicherheit und Stabilität aufweisen. Die Figur darf für die freistehende Wand nicht zu schwer sein.

Wasser marsch!

Unser Wandbrunnen an der schönen Natursteinmauer dient mit seinem Wasserplätschern eher der Dekoration und Kontemplation. Er braucht nicht unbedingt als Zapfstelle für frisches Trinkwasser oder zum Gießen der Pflanzen dienen. Um einen geschlossenen Wasserkreislauf herzustellen, sollte man in dem Brunnen eine Tauchpumpe installieren. Hierzu braucht man lediglich eine Stromversorgung, jedoch keinen Wasseranschluss. Der Anschluss für den Strom sollte möglichst unauffällig und in der Nähe des Brunnens liegen. Über einen Schalter – bei einfachen Modellen über das Ein- und Ausstöpseln des Steckers – nimmt man die Pumpe nach Bedarf in Betrieb.

Querschnitt durch den Wandbrunnen. Das abgewinkelte Wasserrohr wird durch die Mauer zum Brunnenkopf geführt.

In der Zeichnung wird deutlich, dass die Pumpe auf dem Boden des Auffangbeckens steht und mit Wasser überdeckt ist.
Mit Hilfe eines dünnen, mehrfach abgewinkelten Rohres, das über den Beckenrand und durch die Mauer geführt wird, befördert die Pumpe das Wasser nach oben zum Speierkopf.
Auch das von der Pumpe ausgehende Stromkabel wird durch die Wand verlegt und auf der rückwärtigen Seite zum nächsten Stromanschluss geführt. Auf diese Weise ist die „Technik" weitgehend kaschiert.
Die Mauerwände wurden hier zusätzlich beidseitig mit Efeu bepflanzt.
Die Stärke des austretenden Wasserstrahles lässt sich über die Pumpe regulieren, je nachdem, ob kraftvolles Plätschern, ein dünner Strahl oder leichtes Tröpfeln gewünscht wird.
Der Wasserstand sollte regelmäßig kontrolliert und bei Bedarf nachgefüllt werden, damit die Tauchpumpe immer von genügend Wasser überdeckt ist und nicht trockenläuft.

SMART

Vorsicht Strom!

- **Die elektrische Installation sollte man von einem Fachmann ausführen lassen.**
- **Ein Fehlerschutzschalter (FI-Schalter) sollte unbedingt eingebaut werden, der bei geringsten Fehlermeldungen die Sicherung herausspringen lässt und damit die Stromzufuhr unterbindet.**

Springbrunnen: einfach spritzig

Ein Springbrunnen mit Fontäne ist ein echter Klassiker. Hell und klar hört man das Wasser plätschern, wenn es in die Brunnenschale und von dort aus zu Boden fällt.

Reizvoller Blickfang

Springbrunnen bilden häufig den Mittelpunkt eines Gartens und sollten daher an einem besonderen Platz stehen. Das Ende einer Sichtachse, eine Wegekreuzung oder auch eine Gartennische, die von hohen Stauden umgeben wird, ist ein stilvolles Ambiente für einen Springbrunnen.

Der elegant geformte Sandsteibrunnen unseres Beispiels verlangt einen exponierten Platz im Garten. Diesen muss man um eine Kiesfläche erweitern, deren Umfang größer als derjenige der Springbrunnenschale ist. Hier versickert das herunterrieselnde Wasser. Mit zu einem Kreis angeordneten Sandsteinsegmenten wird diese Fläche begrenzt. Der Springbrunnen wird über das rücklaufende Wasser eines unterirdischen Beckens gespeist. Mit Hilfe einer Pumpe wird es zur Wasserdüse hochgepumpt und in dem im Boden versenkten Becken wieder aufgefangen.

An den Rand setzt man hochwüchsige Pflanzen der Sumpf- und Feuchtzone wie Gelbe Sumpfschwertlilie (*Iris pseudacorus*) und Blutweiderich (*Lythrum salicaria*). Sie untermalen mit ihren leuchtenden Blüten das Arrangement sehr schön.

Ein Springbrunnen aus Natur- oder Kunststein ist etwas Besonderes im Garten.

Querschnitt durch den Springbrunnen. Der schwere Brunnenaufsatz wird durch einen Betonring stabilisiert, in dem die Pumpe sitzt.

Enormes Gewicht

Bevor das Kunststoffbecken im Boden eingelassen wird, muss der Grubengrund gründlich verdichtet werden. Darauf kommt eine Tragschicht aus Kies, die ebenfalls verdichtet wird. So kann das Auffangbecken nicht wegsacken. Eine Ausgleichsschicht aus Sand sorgt für den waagerechten Einbau.
Das Gewicht eines Natursteinbrunnens sollte nicht unterschätzt werden. Der Brunnensockel muss mit einem Betonring in dem Auffangbecken aus Kunststoff stabilisiert werden. Vorher sollte aber in den Betonring noch eine kleine Öffnung für das Stromkabel der Pumpe gebohrt werden, sofern es bei fertigen Sets nicht schon vorhanden ist.

In die Mitte des Ringes setzt man die Pumpe, das Stromkabel führt man durch die Aussparung im Betonring nach oben durch den Gitterrost und verlegt es unauffällig entlang eines Gartenweges. Auf den Gitterrost legt man zunächst ein Vlies. Ähnlich wie ein Filter sorgt es dafür, dass das Wasser nicht verunreinigt und somit die Pumpe nicht beschädigt wird. Anschließend baut man den Springbrunnen, der in der Regel auf mehreren Einzelteilen besteht, auf und schließt den Schlauch für die Wasserzuführung an. Mit einem Gartenschlauch lässt man Wasser in das Becken ein. Danach füllt man die Fläche des vliesgeschützten Gitterrostes mit Kieselsteinen auf. Jetzt kann man den Springbrunnen in Betrieb nehmen. Die Höhe der Fontäne ist über die Pumpe regelbar.

SMART

Tägliche Wasserfreuden

Kleine Statuenbrunnen mit eigener Auffangschale und integrierter Pumpe sind im Baumarkt erhältlich. Sie sind ideal, wenn man nicht viel Platz zur Verfügung hat und sie lassen sich ganz einfach auf Balkon und Terrasse aufstellen. Einfach den Strom anschalten – und schon beginnt das Wasservergnügen!

Kaskaden: Stufe für Stufe

Aus einer Tonvase wie auf dem Foto unten abgebildet fließt das Wasser gleichmäßig und leise in die mit runden Kieselsteinen gefüllte Tonschale. Der Wasserstand bleibt immer gleich, nur knapp unter dem Rand der Schale. Eine kleine Pumpe mit Rücklaufschlauch sorgt dafür, dass ständig Wasser aus dem Krug herausläuft, die Schale aber niemals überläuft. Dieses Wasserspiel ist eine originelle Dekoration für eine Balkonecke oder den Gartentisch.

Der Krug füllt die Schale, aber bringt sie nicht zum Überlaufen.

Abgestuft

Hier läuft das Wasser plätschernd eine Etage tiefer. Die Abstufung lässt sich beliebig variieren. Das Wasserreservoir stammt aus einer unterirdischen Kunststoffwanne, die mit Wasser bis knapp unter dem Rand gefüllt wird. In das Wasser legt man einen Ziegelstein, auf den eine Tonschale mit geringfügig kleinerem Durchmesser als die Plastikwanne gestellt wird. Vorher muss jedoch in der Mitte der Schale ein Loch gebohrt werden, damit das von oben hineinlaufende Wasser nach unten wieder in die Kunststoffwanne abfließen kann. In die Schale sowie um den Rand herum legt man einige dekorative Kieselsteine.
Nach hinten leicht erhöht wird eine Vase liegend in Kies gebettet. Sie sollte ungefähr 10 cm oberhalb der Schale liegen, damit das Wassers deutlich hör- und sichtbar plätschert. In die untere Mitte des Vasenbauches bohrt man ein Loch. Von hier aus wird der Wasserschlauch für die Pumpe bis zum Vasenhals durchgeführt. Die kleine Öffnung dichtet man anschließend ab, damit hier kein Wasser entweichen kann. In die mit Wasser gefüllte, unterirdische Plastikwanne legt man die Pumpe. Sie muss komplett mit Wasser bedeckt sein. Über den Rand der Wanne verlegt man das Stromkabel der Pumpe bis zur nächsten Steckdose und kaschiert es anschließend mit Kies.
Wenn die Pumpe angeschaltet ist, wird das Wasser aus der unteren Wanne in die Tonvase gepumpt. Von hier aus ergießt es sich in die Tonschale. Bei einem Probelauf sollte man zunächst das Ausströmen des Wassers aus der Vase beobachten, denn der Wasserstand sollte konstant etwa 2 cm unter der Oberkante der Schale liegen. Fließt das Wasser zu schnell, muss die Pumpe gedrosselt werden. Wenn es nur tröpfelt, kann man die Druckleistung der Pumpe erhöhen.

Stapelbar

Ein aufwändigerer kaskadenartiger Aufbau entsteht durch die Anordnung von zwei halbierten Weinfässern, die übereinander versetzt angeordnet werden. Das obere Fass wird hoch gesetzt und stabilisiert, wie in der Abbildung rechts zu sehen ist. Der Zulauf des Wassers erfolgt über ein in einer Mauer eingelassenes Rohr mit nostalgisch anmutendem Wasserauslass. Dieser sollte auf die Höhe der übereinander gesetzten Fässer ausgerichtet sein und einen ausreichenden Abstand zum obersten Fass haben. Um einen geschlossen Wasserkreislauf herzustellen, wird eine Pumpe in das unterste Fass gelegt. Dieses Fass hat zwei abgedichtete Öffnungen für das Stromkabel und den Wasserschlauch. Dieser wird auf der einen Seite mit der Pumpe, am anderen Ende mit dem Rohr zum Wasserhahn verbunden.

SMART

Schöne Steine kaufen

Schöne Kieselsteine kann man im Baumarkt kaufen. Hier steht einem eine große Auswahl zur Verfügung. Sie sind in jeder Größe als Einzelstein oder zu mehreren im Beutel zu haben.

Munter fließt das Wasser aus dem Hahn von einem Fass in das nächste.

Schöne Wasserpflanzen ergänzen das rustikale Wasserspiel. Hierzu befüllt man die Fässer mit Erde. Danach setzt man Unterwasserpflanzen ein. Anschließend deckt man die Erde mit Kies und Kieselsteinen ab. Für die Bepflanzung eignen sich jedoch keine Schwimmblattpflanzen wie Seerosen, Seekanne oder Wasserähre, da ihre Blätter die Wasserbewegung nicht vertragen. Beide Holzfässer werden nun mit Wasser bis knapp unter den Rand aufgefüllt.

Wenn das Wasser wieder klar ist und sich die Erde auf den Fassboden abgesetzt hat, kann man die Pumpe in Betrieb nehmen.
Das Wasser wird aus dem untersten Fass nach oben gepumpt und fließt aus dem Wasserhahn in das obere Fass. Sobald es gefüllt ist, kann es über eine kleine Aussparung am Rand in das untere Fass laufen. Der Wasserstand sollte sich bei etwa 5 cm unter Fassoberkante einpendeln.

Quellsprudler selber bauen

Wem ein Brunnen aus dem Baumarkt oder Gartencenter nicht gefällt, der fertigt sich einfach selbst einen an und gestaltet ihn nach eigenen Vorstellungen. Hier zwei Beispiele für individuelle Wasserspiele.

Gurgelnde und sprudelnde Wasserspeier sind sehr beliebt, da sich die meisten Menschen vom sanften Geräusch des Wassers angezogen fühlen. Brunnen, Sprudel- und Quellsteine sowie Wasserspeier zählen zu den beliebtesten Wasserspielen; ob beim Sitzplatz am Teich, auf der Dachterrasse oder im Kräutergarten.

Die Wasserspiele können mit einem seperaten Wasserreservoir in einem Kiesbett, aber auch inmitten von herrlichen Blattstauden oder im Gartenteich stehen. Hierzu lassen sich sehr gut farbige Kieselsteine und Pflanzen wie Farne und Gräser arrangieren. Außerdem sind sie ideal, um das Stromkabel zu kaschieren.

1 ◂ Ton in Ton Für dieses Arrangement braucht man eine flache Keramikschale von rund 40 cm Durchmesser und einen etwa 20 cm hohen Keramiktopf. Der muss innen glasiert sein und am Boden ein Loch haben, durch das das Stromkabel der Pumpe geführt wird. Damit das Gefäß wasserdicht ist, wird das „Kabelloch" mit Silikon abgedichtet. Die Pumpe mit aufgestecktem Schlauch legt man in den Topf. Der Schlauch wird zur Stabilisierung durch ein Rohr geführt und dieses mittig im Gefäß fixiert. Nun kann man den Topf mit Wasser füllen und die Pumpe starten. Das Wasser kommt in Wallung und brodelt über den Rand des Topfes in die Schale.

2

Scheibe für Scheibe Man stellt ein Kunststoffbecken auf und füllt es mit Wasser. Danach stellt man eine Pumpe hinein. Zum Kaschieren der schwarzen Wandung eignen sich Rundholz-Palisaden oder Kübelpflanzen. Aus einem breiten Holzstamm sägt man sieben etwa 10 cm dicke Scheiben, in deren Mitte Löcher in Größe des Schlauchdurchmessers gebohrt werden. Zunächst legt man einen Gitterrost auf den Beckenrand. Darüber kommt ein Vlies zur Wasserreinhaltung. Anschließend schüttet man Kies darauf. Nun werden die lackierten Holzscheiben auf der Kiesfläche zu einem Holzstapel aufgetürmt. Den Schlauch zieht man durch die Löcher nach oben. Sobald die Pumpe angestellt wird, läuft das Wasser über das Holz, rieselt an der Borke herunter und sickert durch den Kies ins Auffangbecken.

Bewegtes Wasser sollte stets als Blickfang im Garten eingesetzt werden. Dann werden auch aus unbelebten Ecken lauschige Plätze, die zum Verweilen einladen. Bei dem großen Angebot ist meistens für jeden Geschmack und Geldbeutel das Passende dabei. Wasserspiele können ganz für sich allein oder auch in Verbindung mit einem Bachlauf oder Gartenteich angelegt werden. Kleine bepflanzte Teiche vertragen nur sanft plätschernde Wasserspeier, da sich Schwimmblatt- und Schwimmpflanzen in ihrem Wachstum gestört fühlen. Sollten Sie Wert auf eine ungewöhnliche und einzigartige Ausführung legen, lassen sich Brunnen oder Wasserspeier auch einfach selber bauen. Mit etwas Geschick und Freude am Handwerken kann man dem Werk seine ganz persönliche Note verleihen. Dazu sollte man sich vor dem Bau Gedanken über dessen Größe und Proportionen machen. Sinnvollerweise fertigt man vorab eine Skizze mit Größenangaben an. Denn ein Wasserspiel sollte weder den Garten ausfüllen und die Bepflanzung in den Hintergrund drängen, noch in Bezug zur Umgebung verloren wirken.

Begleitpflanzen für Miniwassergärten

Wasserspeier und -spiele wirken traumhaft, wenn sie von Pflanzen umgeben sind, denen feuchte Luft besonders behagt.

Die unmittelbare Umgebung ist für die Wirkung der Miniteiche von enormer Bedeutung. Die in ihrer Nähe wachsenden Pflanzen sollten keine Konkurrenz zu dem kleinen Wassergarten darstellen. Ein üppiger Sommerblumenflor oder große Sträucher würden ihn optisch erdrücken. Zwerggehölze oder Kübelpflanzen können gezielt als Schutz der kleinen Wassergärten verwendet werden: Sie spenden Schatten, damit das Arrangement nicht der prallen Sonne ausgesetzt ist. Sie schützen vor Wind, der die langen, dünnen Halme hoher Wasserpflanzen wie Rohrkolben leicht umknicken kann.
Aber auch Blütenstauden und viele Kräuter eignen sich für diesem Zweck. Sie schaffen einen schönen Übergang, sorgen für Blattvielfalt und Blütenpracht.
Dekorative Begleitstauden sollen lediglich die Szenerie untermalen, indem sie einen ruhigen, grünen Hintergrund bilden. Besonders schöne Begleitstauden sind Blattschmuckpflanzen wie Funkien, Gräser und Farne. Man pflanzt sie entweder ins offene Beet oder in Pflanztröge und stellt das Gefäß mit dem Miniwassergarten dazu. Befindet sich ein Wassergarten in der Nähe einer Mauer, kann man Kletterpflanzen ohne auffällige Blüten für die Begrünung verwenden. Verwenden Sie Efeu (*Hedera helix*), Kriechspindel (*Euonymus fortunei*) oder die verschiedenen Arten des Zier-Weins (*Parthenocissus quinquefolia, P. tricuspidata*). Werden Pflanzen als Raumteiler eingesetzt, sollten Sie Gewächsen mit einfachen und klaren Blattstrukturen wie zum Beispiel Bambus oder Liguster den Vorzug geben.

Frauenmantel
Alchemilla mollis

Kompakter Wuchs

Der Frauenmantel ist eine anspruchlose Staude. In buschigen Horsten wächst er auf eine Höhe von fast 40 cm heran.

Blüte: Die Büschel aus kleinen, leuchtend grünlich-gelben Blüten verströmen einen angenehm süßlichen Duft. Sie erscheinen vom frühen Sommer bis zum frühen Herbst.

Blätter: Die blassgrünen Blätter sind fast kreisrund, haben gewellte Ränder und sind leicht behaart. Sie bilden aufgrund ihrer dekorativen Eigenschaften einen schönen und ruhigen Hintergrund.

Verwendung: Die robuste Pflanze ist vielseitig verwendbar. Aufgrund ihres kompakten Wuchses eignet sie sich hervorragend als Solitärstaude, zum Einbinden von Brunnen und Wassertrögen.

Prachtspiere
Astilbe × arendsii

Dauerhafte Blütenkerzen

Die Prachtspiere ist als Gruppenpflanze beliebt aufgrund ihrer langlebigen, zugespitzten und feinen Blütenstände.

Blüte: Die karminroten, creme- oder rosafarbenen, winzigen Blüten bilden eine fedrige Rispe und erscheinen von Juni bis Juli. Sie werden mit der Zeit braun, behalten aber ihre Form.

Blätter: Die dunkelgrünen Blätter der Astilben-Sorte 'Fanal' sind in jeweils drei kleine, scharf gesägte Fiederblättchen unterteilt und stehen an aufrechten, kräftigen Trieben.

Verwendung: Die Pflanze bevorzugt feuchten Gartenboden und steht vor allem gerne an Gewässerrändern, wo sie auch volle Sonne verträgt. Hier kann sie eine Höhe von bis zu 1 m erreichen.

Funkie
Hosta-Arten und -Sorten

Variantenreiches Blattwunder

Sie sorgen mit ihren vitalen und je nach Sorte weiß oder gelb panaschierten Blättern für Leben im Staudenbeet.

Blüte: In zarten Farbtönen, die von hellviolett bis blauviolett reichen, erscheinen die Blütenglocken der Funkien von Juli bis August in aufrechten und leicht überhängenden Trauben.

Blätter: Funkien besitzen – je nach Art oder Sorte – unterschiedlich große, überlappende, lanzettliche bis herzförmige Blätter mit Laubfärbungen, die von Blaugrün bis hin zu Gelbgrün reichen.

Verwendung: Das Blättermeer der Funkien bildet einen schönen Hintergrund und eignet sich hervorragend zur Kübelbepflanzung oder als Bodendecker. Funkien bevorzugen halbschattige Plätze.

Dreimasterblume
Tradescantia-Hybriden

Blühender Begleiter

Die aus Nordamerika stammende Dreimasterblume ist sehr robust und wächst horstartig. Sie erreicht bis zu 50 cm Höhe.

Blüte: Die großen, blassblauen Blüten sitzen zu dritt oder mehr in einer Dolde. Sie erscheinen von Frühsommer bis Frühherbst in paarigen Gruppen an der Spitze der verzweigten Triebe.

Blätter: *Tradescantia × andersoniana* 'I.C.Weguelin' hat bis zu 40 cm lange, lanzettliche Blätter. Sie sind mittelgrün und wachsen leicht bogig überhängend.

Verwendung: Die Staude steht gerne in offenen Pflanzbeeten am Wasser und eignet sich sehr gut als Begleiterin von Ufer- und Sumpfpflanzen. Sie bevorzugt sonnige und halbschattige Standorte.

Pflege leicht gemacht

Miniwasserteiche pflegen

Im Gegensatz zu einem großen Teich kann in einem kleinen Wasserkübel kein biologisches Gleichgewicht entstehen. Denn hier auf engstem Raum, wo sich das Wasser schnell erwärmt, breiten sich rasch Algen aus. Man muss sich bewusst sein, dass Algen immer wieder auftauchen und dass man sie als „Unkraut des Wassers“ zwar begrenzen, aber nicht völlig beseitigen kann. Ein mit Nährstoffen angereichertes Wasser ist ein Grund für zu viele Algen. Diese setzen Nährsalze wesentlich schneller um als höher entwickelte Pflanzen.

Eine Ursache für den Nährstoffüberschuss ist die häufig zu stark gedüngte Teicherde. Deshalb sollte man ein nährstoffarmes Substrat oder ein Lehm-Sand-Gemisch verwenden. Bei im Boden eingelassenen Becken muss man darauf achten, dass beim Düngen des Rasens der Dünger nicht unkontrolliert durch den Regen eingeschwemmt wird. Eine weitere Ursache für eine „Algenblüte“ ist erwärmtes Wasser mit nachfolgendem Sauerstoffmangel. Algen kommen mit diesen Standortbedingungen besser zurecht als andere Pflanzen und gedeihen bestens. Deshalb sollte das Wasser etwas beschattet werden, regelmäßig nachgefüllt oder ersetzt werden.

Regelmäßige Pflege bei Miniwasserteichen

Der Wasserstand kann stark schwanken, besonders an heißen Sommertagen. Dann sollten Sie das Wasser regelmäßig nachfüllen, damit die Pflanzen keinen Schaden nehmen.

Algen gibt es immer wieder im Wasser. Man sollte sie regelmäßig entfernen. Mit der Hand kann man sie ganz leicht aus dem Wasser fischen.

Wenn sich Algen im Pflanzgefäß zu stark ausgebreitet haben, muss das Wasser komplett ausgetauscht und der Behälter gereinigt werden.

Abgestorbene Pflanzenteile, Wurzeln und Blätter muss man immer aus dem Pflanzbehälter entfernen, da das Wasser sonst faulig zu riechen beginnt.

Pflanzen gegen Algen

Ein erhöhtes Algenwachstum kann man durch die richtige Auswahl der Pflanzen und ausreichend Wasser begrenzen. Hierfür setzt man Unterwasserpflanzen wie Hornkraut mit in das Pflanzgefäß. Sie reichern das Wasser mit Sauerstoff an und verhindern durch den Nährstoffentzug über die Blattmasse das Ausbreiten der Algen.

Schwimmblattpflanzen wie Seerosen und Seekanne oder auch Schwimmpflanzen wie Feenmoos und Wassernuss entziehen mit ihrem Wurzelwerk dem Wasser Nährstoffe und den Algen das notwendige Licht.

Damit der Miniteich nicht durch diese Pflanzen überwuchert wird, müssen sie durch regelmäßige Pflege reduziert werden. Abgestorbene Pflanzenteile oder herabgefallene Blätter müssen von der Wasseroberfläche abgesammelt werden. Wenn sie im Wasser verrotten, bilden sich Faulgase und das Wasser beginnt unangenehm zu riechen. Außerdem werden dadurch weitere Nährstoffe freigesetzt. Der Behälter muss in diesem Fall komplett entleert werden, die Erde entsorgt, die Pflanzen und das Gefäß sorgfältig gereinigt und von neuem bepflanzt werden. Im Laufe der Zeit wird es den Wasserpflanzen zu eng in ihren Behältern. Sie müssen ausgelichtet oder geteilt werden. Für die Pflanzen, die den Winter im Haus verbracht haben, ist das Frühjahr die beste Zeit für den Rückschnitt. Die draußen überwinterten Uferpflanzen teilt man am besten Ende Mai nach den Eisheiligen. Die einzelnen Pflanzen nimmt man aus dem Kübel und zertrennt den Wurzelballen vorsichtig mit einem scharfen Messer. Ein Teil des Wurzelfilzes sollte dabei auch entfernt werden. Anschließend lokkert man die Erde und füllt bei Bedarf neues, nährstoffarmes Substrat nach. Danach setzt man die Pflanzen wieder ein, deckt sie mit Kies ab und füllt den Kübel langsam mit frischem, nährstoffarmem Leitungswasser auf.

Besonders an heißen Tagen verdunstet das Wasser in kleinen Gefäßen sehr schnell und muss daher häufig nachgefüllt werden.

SMART

Wasser: nicht zu kühl!

- **Füllen Sie Wasser aus der Leitung nie direkt in ein Pflanzgefäß ein.**
- **Wenn es zu kühl ist, können die Pflanzen mit einem Wachstumsschock reagieren.**

Sonnig-heiße Tage

Wenn das Wasser an heißen Tagen schnell verdunstet, können die Pflanzen leicht Schaden nehmen. Durch regelmäßige Sichtkontrollen sollte man die Wassermenge im Gefäß überprüfen und bei Bedarf temperiertes Wasser nachfüllen.

Wasserspiele pflegen

Ob als Kaskaden, Fontänen oder aus einstrahligen Düsen in das Becken plätschernd – Wasser hinterlässt überall seine Spuren. Natürlich hängt das auch mit dessen Qualität zusammen.

„Hartes" und „weiches" Wasser

Bevor man seinen Miniteich oder das Wasserspiel mit Wasser befüllt, kann man zur besseren Kontrolle den Säuregrad des Wassers messen. Dieser lässt sich anhand des pH-Wertes bestimmen. Liegt der Wert zwischen 1 und 6, spricht man von einer sauren Reaktion, bei 7 ist das Wasser neutral, zwischen 8 und 14 bezeichnet man das Wasser als basisch oder alkalisch.

Um den Wert des Wassers ermitteln zu können, besorgt man sich aus dem Gartencenter oder aus der Apotheke pH-Test- streifen. Man taucht einen Streifen mit dem reagierenden Papierabschnitt kurz ins Wasser und wartet ab, bis er sich verfärbt hat. Mit Hilfe einer Farbtabelle kann man dann die Farbtöne miteinander vergleichen und den Säuregrad ablesen.

Zum Befüllen der Pflanztröge und Seerosenbecken eignet sich Leitungswasser, obwohl es häufig zu kalkhaltig ist. Es ist jedoch besser als Regenwasser, das häufig Schadstoffe und Rückstände mitführt. Das Wasser für einen Miniteich sollte einen pH-Wert von etwa 7 haben, also neutral sein. Die Wasserpflanzen vertragen in der Regel einen ins Basische tendierenden Wert besser als einen zu niedrigen und damit sauren Wert. Ist der pH-Wert im Wasser etwas zu hoch, kann man ihn durch die Zugabe von Torf absenken. Zu „hartes" Wasser verursacht Kalkränder und kann auch zu vorzeitigen Verschleiß der Pumpe führen.

Algen-„Patina"

Bei zu starker Sonneneinstrahlung erwärmt sich das Wasser; Algen und auch Moose überziehen das Gefäß mit einem grünlichen Film. Diese grüne „Patina" lässt sich leicht mit einem harten Wasserstrahl und einer Bürste beseitigen. Kalkspuren kann man mit Essig oder Zitronensäure entfernen. Anschließend sollte man das Gefäß sorgfältig ausspülen, damit keine Reste dieser Substanzen in das Wasser gelangen, in dem die Pflanzen stehen.

Wasserspiele sind sehr unterschiedlich in ihrem Pflegeaufwand. So ist zum Beispiel ein Schalenbrunnen ziemlich aufwändig in seiner Pflege, da er Sonne, Wind und Wasser eine große Angriffsfläche bietet. Hier müssen Sie regelmäßig

Springbrunnen richtig aufstellen

Springbrunnen müssen so aufgestellt werden, dass bei starkem Wind das Wasser nicht über den Brunnenrand hinaus spritzen kann. Das Wasser geht sonst dem geschlossenen Kreislauf verloren und die Pumpe läuft trocken.

Algenbeläge entfernen. Bei Wasserspielen wie Quell- oder Sprudelsteinen ist es teilweise sogar erwünscht, dass Algen den Stein grün färben. Durch diese Patina, die sich im Laufe der Zeit bildet, gewinnt der Stein erst an Ausstrahlung. Dieser Aspekt ist besonders interessant, wenn es sich um Kunststeine handelt, die im Gartencenter angeboten werden. Sie sind zwar nicht so schwer wie viele Natursteine und lassen sich beim Einbau leichter ausrichten. Aber sie besitzen dafür nicht die Aura eines angewitterten Mühlsteines. Algen, Moose und Flechten können dazu beitragen, dass der Kunststein trotzdem einen antiken Charme versprüht.

Stufenweise fließt das Wasser munter den Kaskadenbrunnen hinab. An einem gepflegten Wasserspiel hat man jahrelang seine Freude.

SMART

Chemie ist hier tabu!

- **Zur Reinigung der Wasserspiele sollte man auf chemische Zusätze komplett verzichten.**
- **Die Rückstände können die Wasserpflanzen schädigen.**
- **Mit einer Bürste reinigt man die Behälter und spült sie mit klarem Wasser mehrfach aus.**

Pumpenpflege

Wenn der Winter naht, sollte man Tauchpumpen ausbauen und verstauen (siehe auch Seite 58f.). Nehmen Sie die Technik aus dem Wasser und bewahren Sie sie über die Wintermonate frostfrei auf. Wichtig ist die Kontrolle und Reinigung aller beweglichen Teile. Auch das Stromkabel sollte man auf seine Intaktheit hin überprüfen.

Wichtig ist, dass bei der Reinigung die Verschraubungen nicht gelöst werden, da sie versiegelt sind. Generell gilt: Man darf das Gerät nur öffnen, ohne Werkzeug zu Hilfe nehmen zu müssen. Vor dem Einsatz der Pumpe im Frühjahr sollten Sie die Gängigkeit des Laufrades überprüfen. Auf keinen Fall sollten Sie hierfür einen Schraubenzieher verwenden, da die feinen Schaufeln sehr empfindlich sind.

Was tun, wenn Pflanzen erkranken?

Wenn Wasserpflanzen nicht die richtigen Voraussetzungen für einen gesunden Wuchs vorfinden, können sie krank werden. Daher sollte man für die Ufer- und Schwimmblattpflanzen optimale Bedingungen schaffen und deren Ansprüche berücksichtigen.
Fraßschäden an Schwimmblattpflanzen richten die gefräßigen Larven des Seerosenkäfers an. Sie befallen die Pflanzen, indem sie die Blätter mit Loch-, Minier- oder Schabefraß schädigen. Zurück bleiben stark perforierte Blätter, die vergilben und vorzeitig absterben.

Natürlicher Schutz gegen Schädlinge

Auf eine Bekämpfung mit chemischen Mitteln sollte man mit Rücksicht auf andere Pflanzen und Tiere sowie die eigene Gesundheit verzichten. Denn es gibt „sanfte“ Alternativen, die Schädlinge in die Schranken zu weisen. Am wichtigsten ist es, fraßgeschädigte Blätter möglichst schnell aus dem Gefäß zu entfernen, damit nicht noch mehr Pflanzen befallen werden. Ansonsten helfen als „natürlicher Pflanzenschutz“ zahlreiche Singvogelarten, die die verschiedenen Entwicklungsstadien der Schädlinge (Larven und Käfer) an ihre Brut verfüttern. Denn die Entwicklungsphase des Seerosenkäfers fällt genau in die Hauptbrutzeit dieser Vögel. Schaffen Sie also geeignete Brut- und Aufenthaltsmöglichkeiten für Singvögel in Ihrem Garten.

Geschädigte Blätter sollte man möglichst schnell aus dem Wasser entfernen.

Wenn der Falter kommt

Der Seerosenzünsler ist einer der hartnäckigsten Schädlinge, der Seerosen, aber auch andere Wasserpflanzen befällt.
Seine Raupen schneiden kleine, ovale Gewebestücke oder junge Triebteile aus den Blättern heraus. Sie „tarnen“ sich, indem sie sich in diese Pflanzenteile einwickeln. Wie kleine Boote treiben sie dann auf der Wasseroberfläche umher und vollziehen ihren Reife-

Schwarze Blattläuse lassen sich auch ohne chemische Mittel bekämpfen, indem man sie mit Wasser abspritzt oder per Hand absammelt.

fraß, bevor sie sich einspinnen und sich zum Falter entwickeln.
Zur Bekämpfung kann man versuchen, die kleinen „Boote“ mit der Hand vom Wasser abzusammeln.
Man kann auch ein umweltschonendes und von der Biologischen Bundesanstalt (BBA) zugelassenes Raupenspritzmittel verwenden. Es sollte möglichst flächendeckend auf die Wasserpflanzen ausgebracht werden. Um ein Wegspülen durch den Regen zu vermeiden, sollte der Miniteich nach dem Ausbringen des Pflanzenschutzmittels einige Tage abgedeckt werden.

Läuse einfach absammeln

Schwarze Blattläuse siedeln sich häufig auf Wasserpflanzen mit weichen Trieben an. Sie können an den Blütenknospen und auf den Schwimmblättern der Seerosen – besonders in den Sommermonaten – vermehrt auftreten. Die Seerosenblätter werden durch den Befall gelb und sterben vorzeitig ab. Andere Wasserpflanzen zeigen dagegen eine schlechte Blütenausbildung und Verkrüppelungen an den frischen Trieben. Die Läuse können leicht entfernt werden. Man spült sie mit einem weichen Wasserstrahl so ab, dass sie nicht wieder in der Nähe der Pflanzen zu Boden oder ins Wasser fallen. Da einige Blattläuse sich in uneinsehbare Pflanzenwinkel verkriechen, sollte man diesen Vorgang mehrmals wiederholen. Besonders gefährdet sind vor allem geschwächte Pflanzen. Je günstiger die Voraussetzungen für einen gesunden Pflanzenwuchs sind, desto unwahrscheinlicher ist ein Befall mit Schädlingen. Bieten Sie Ihren Pflanzen einen geschützten Standort gemäß ihrer Ansprüche an Licht und Wasser und regelmäßige Pflege.

SMART

Regelmäßig kontrollieren

- **Am besten führt man regelmäßige Sichtkontrollen durch.**
- **Sammeln Sie einzelne Larven oder Käfer einfach von den Blättern ab.**
- **Entfernen Sie befallene, kranke und abgestorbene Pflanzenteile.**
- **Stellen Sie Ihre Pflanzen in die Sonne und versorgen Sie sie ausreichend mit Wasser.**

Gefäße und Pumpen überwintern

Nicht alle Gefäße eignen sich zum Überwintern im Freien. Vor allem Pflanztöpfe aus unflexiblen Materialien wie Naturstein, Keramik und Beton können beim Gefrieren des Wassers nicht nachgeben. Jedoch auch Holzfässer sind frostgefährdet. Kunststoffgefäße dagegen können draußen bleiben – besonders dann, wenn sie ins Erdreich eingelassen sind. Sie passen sich durch Verformung bis zu einem gewissen Grad der jeweiligen Außentemperatur an. Sämtliche Keramiktöpfe und -schalen sowie Naturstein- und Betonbehälter sollten jedoch vor dem Überwintern geleert werden, da sie sonst durch den Frost Risse bekommen und auseinanderbrechen.

Zu schwer zum Tragen

Ein Miniwasserbecken ist häufig zu groß und zu schwer, um es ins Haus transportieren zu können. Daher sollte es komplett ausgeräumt werden und sowohl das Gefäß als auch die Pflanzen ins Haus gebracht werden. Wenn es sich um einheimische winterharte Pflanzen handelt, können sie den Winter draußen verbringen. Sie müssen jedoch einzeln in Kunststoffeimer gesetzt werden.

Wenn man die Pflanzen und Steine aus dem Becken geholt hat, kann man aufgestellte Gefäße häufig dennoch nicht kippen, da sie zu schwer sind. Eingegrabene Behälter sollten sowieso an Ort und Stelle verbleiben, sobald man sie einmal ausgerichtet und eingebaut hat. Mit der Tauchpumpe kann man das restliche Wasser herauspumpen: Man stellt sie in einem Gitterkorb, der mit einem Vlies ausgelegt ist, in das Becken. Dadurch gelangen keine Schmutzpartikel in den Ansaugstutzen, die die Pumpe verstopfen könnten. Der Verbindungsschlauch wird über den Rand in ein Auffangbecken geführt und das Wasser heraus gepumpt. Dann reinigt man das Gefäß gründlich.

Was ist zu tun vor dem ersten Frost?

Die Pflanzen und Gefäße müssen vor der Kälte geschützt werden. Ein zu langer Aufenthalt im Haus ist jedoch für die Pflanzen nachteilig.

Optimal für Wasserpflanzen ist ein heller Raum mit einer Temperatur zwischen 5 und 10 °C.

Für das Gefäß ist es völlig ausreichend, wenn man es im November oder Dezember ausräumt und etwa ab März wieder nach draußen bringt. Durch leichte Fröste kann es nicht zu Schaden kommen.

Alle tropischen Pflanzen müssen temperiert überwintern. Bereits vor den ersten Frösten müssen Wassersalat, Feenmoos, Schwimmfarn, Wasserhyazinthe und Zimmer-Zypergras ins Haus geholt werden.

Die Pumpe versorgen

Auch Unterwasserpumpen brauchen Winterschutz (siehe Seite 55). Sie müssen aus dem Wasserbehälter entfernt und fachgerecht eingelagert werden. Vorher sollte sie jedoch unter fließendem Wasser nochmals gründlich durchgespült werden. Friert die Pumpe im Winter ein, kann das Pumpengehäuse platzen. Schläuche und Zuleitungen müssen entleert werden und ausgebaut werden, da das Material sonst spröde wird.
Die richtige Lagerung einer Pumpe erfolgt in einem mit Wasser gefüllten Eimer, der im Keller stehen kann. Wird eine Pumpe trocken gelagert, trocknen die feinen Lager ein und blockieren. Bei Betrieb brennt sie innerhalb von wenigen Minuten durch. Reparieren lohnt sich häufig nicht.
Vor einem erneutem Einsatz der Pumpe sollte man das Förderrad betätigen und sich von dessen ungestörtem Lauf überzeugen. Unterwasserpumpen haben in der Regel eine sehr hohe Lebensdauer, wenn man sie über die Wintermonate sachgemäß einlagert.

Vor Kälte schützen

Miniwassergärten in großen Töpfen oder Trögen, die an einer Hauswand oder auf dem Balkon überwintern sollen, müssen vor Frost geschützt werden. Mit einem lichtdurchlässigen Material kann man Pflanzen und Gefäße vorsichtig umhüllen. Hierfür eignet sich zum Beispiel eine Noppenfolie mit Luftpolstern, die allerdings nicht luftdicht abschließen sollte, um den Gasaustausch zu ermöglichen.
Auch ein kleines Wasserbecken aus Kunststoff sollte für den Winter entsprechend vorbereitet sein. Schwimmblattpflanzen wie Seerose oder Wasserähre, aber auch empfindliche Sumpfpflanzen wie Kardinals-Lobelie (*Lobelia cardinalis*) oder Kaffernlilie (*Schizostylis coccinea*) sollten Sie aus dem Becken nehmen und frostfrei überwintern. Tropische Schwimmpflanzen wie Feenmoos oder Wasserhyazinthe überwintern in einem temperierten Raum (siehe Seite 60f.). Alternativ können Sie mit Fenster- oder Plexiglas das Becken abdecken, um den Pflanzen etwas Winterschutz zu bieten. Die Triebe hoher Gewächse sollte man dabei nicht knicken.
Abgestorbene Pflanzenteile müssen aus dem Wasser gefischt werden, damit unter der Eisdecke keine Faulgase entstehen. Nötigenfalls müssen Sie auch den Beckengrund von Schlamm und Pflanzenresten befreien.

SMART – Pumpen einwickeln

Pumpen kann man über den Winter auch in ein ölhaltiges Tuch wickeln. Das hat den Vorteil, dass die Dichtungsringe nicht porös werden können.

Vor Frostschäden durch Früh- oder Spätfröste müssen Gefäße und Pflanzen geschützt werden.

Wasserpflanzen überwintern

Ganz gleich, ob Sumpf- und Wasserpflanzen ein warmes Zimmer im Haus oder einen Platz im kühlen Garten bevorzugen – wenn man möglichst viel Freude an ihnen haben möchte, sollte man ihre Ansprüche während der kalten Jahreszeit berücksichtigen.

Im Garten oder kühlen Raum

Einheimische Sumpf- und Wasserpflanzen sind sehr robust und überstehen den Winter schadlos im Freien. Hierzu zählen Arten wie Rohrkolben, Sumpf-Schwertlilie, Tannenwedel und Froschbiss. Es gibt verschiedene Möglichkeiten, sie zu überwintern:
Stehen sie in einem frostempfindlichen Behälter, kann man sie in ein Kunststoffgefäß umsetzen, dieses im gewachsenen Boden versenken oder mit etwas Winterschutz versehen im Freien überwintern lassen. Alternativ trägt man den kleinen Wassergarten komplett ins Haus. Falls er hierfür zu schwer ist, muss das Wasser abgeschöpft oder der Kübel mit Hilfe einer Pumpe entleert werden. Steine oder anderes „gewichtiges“ Dekomaterial nimmt man heraus. Danach stellt man ihn an einen mäßig hellen, aber kühlen Platz und füllt das Wasser wieder auf.
Die optimale Überwinterungstemperatur für diese Pflanzen liegt zwischen 5 und 10 °C. Die Überwinterungstemperaturen sollten gewahrt werden, da die Pflanzen sonst zu früh wieder auszutreiben beginnen. Diese Winterruhe ist notwendig, damit die Pflanzen in der nächsten Saison wieder kräftig heranwachsen können.

Alte Blätter entfernen

In der kalten Jahreszeit ist es völlig ausreichend, wenn die Wurzelballen der Pflanzen mit Wasser bedeckt sind. Bevor es in die Winterruhe geht, müssen aber noch alle abgestorbenen und fauligen Blätter von den Pflanzen entfernt werden. Bei Uferpflanzen wie Rohrkolben, Sumpf-Schwertlilie oder Binsen, die im Freien bleiben und über die Wasseroberfläche hinausragen, sollten die Blätter nicht entfernt werden. Sie verhindern das vollständige Zufrieren des Wassers und ermöglichen somit eine Versorgung mit Sauerstoff.

Was ist wichtig beim Überwintern?

Keramik- und Steingefäße müssen entleert werden. Den Miniteich kann man – sofern transportfähig – auch komplett im kühlen, hellen Raum überwintern.

Tropische Wasserpflanzen und Seerosen müssen vor dem ersten Frost ins Warme geschafft werden.

Temperatur- und Lichtansprüche müssen für die Ruhephase der Pflanzen unbedingt eingehalten werden, damit sie im Frühjahr kräftig und gesund austreiben.

Im warmen Zuhause

Schwimmpflanzen aus tropischen Gefilden wie Feenmoos, Wasserhyazinthe oder Wassersalat (auch Muschelblume genannt) sind nicht winterhart. Deshalb müssen die zarten Schönheiten rechtzeitig ins Warme geschafft werden, und zwar bevor die Nachttemperaturen auf weniger als 8 °C absinken.
Man kann die Pflanzen mit einem Sieb aus dem Wasserbottich abfischen und sie in mit Wasser gefüllte Schalen legen. Diese stellt man am besten auf die Fensterbank eines geheizten Wohnraumes. Einige Pflänzchen lassen sich auch in ein Aquarium einsetzen.
So können sie schwimmend bis zum nächsten Frühling überwintern.

An einem warmen Ort übersteht die Muschelblume den Winter bestens und ist gleichzeitig schönes Tischdekor.

SMART

Neustart im Frühjahr

Wenn die Miniteich-Saison vorbei ist, kann man das Pflanzkübel-Arrangement auflösen. Im Frühjahr hat man dann die Möglichkeit, das Gefäß wieder neu zu bepflanzen. So spart man sich den Aufwand des Überwinterns.

Bis es jedoch so weit ist, sollten Sie es den kleinen Exoten zu Hause richtig gemütlich machen. Denn für diese Wasserpflanzen gilt: Hauptsache warm! Tropische Pflanzen sind nicht an unseren jahreszeitlichen Rhythmus gebunden wie die einheimischen Sumpf- und Wasserpflanzen. Diese Pflanzen sind etwas Besonderes, denn sie bleiben während des ganzen Jahres attraktiv.

Neues Frühjahr – neuer Mix

Werden die Tage wieder länger und lockt das Frühjahr mit ersten warmen Tagen, können Muschelblume & Co. wieder nach draußen. Warten Sie damit bis nach den Eisheiligen Mitte Mai, wenn keine Fröste mehr die zarten Blätter angreifen können. Oder Sie finden Gefallen an einem neuen Gefäß mit anderer Bepflanzung. Wie wäre es zum Beispiel mit einer Zinkwanne, dekoriert mit Blumenbinse, Seerosen und Hechtkraut?

Infoecke

Hilfreiche Adressen

Infos aus dem Internet

Biologische Bundesanstalt (BBA)
Institut für Biologischen Pflanzenschutz
www.bba.de/inst/bi/ibi.htm

Bezugsquellen von Wasserpflanzen

Seerosenkulturen
Franz Berthold
Hadrianstraße 55
83413 Fridolfing

Der Wassergarten
Herbert Bollerhey
Eichenberger Straße 19 A
34233 Fuldatal-Rothwesten
Fon: 05607 / 7778

Niedersächsische Stauden- und Wasserpflanzenkulturen H. Junge
Seeangerweg 1
31787 Hameln

Wasserpflanzen- und Staudengärtnerei
Peter Kohle
Zum Lindenrain 7 / Wiesen
82549 Königsdorf

Wasserpflanzengärtnerei Erhard Oldehoff
Sieglmühle 2
94051 Hauzenberg

Garten Center Radloff
Walter Radloff
Schnieglinger Straße 54
90419 Nürnberg

Wissenswertes

Pro & Contra von Miniwasserspielen

Viele Miniteiche werden als Luftbefeuchter eingesetzt. Können Wasserspiele und Brunnen schädigend für die Lunge sein? Könnten mit dem Wasserdampf auch schädigende Mikroorganismen in die Luft gelangen?
Bei der Diskussion geht es um Springbrunnen, die in Wohnräumen oder Wintergärten aufgestellt werden. Und auch hier nur um diejenigen Modelle, die auf Vernebelungstechnik mit Ultraschalltechnik basieren. Wenn man diese Brunnen samt Technik nicht sorgfältig wartet und das Wasser nicht regelmäßig wechselt, können über die feinen Was-

Stauden- und Wasserpflanzengärtnerei
Karl Wachter KG
Rollbarg
25482 Appen-Etz

Seerosen im Versand
Nymphaion
Fon 08231 / 91 98 72
Fax 08231 / 91 98 73

Bezugsquellen von Zubehör/Accessesoires

Die Gartengalerie Walzbachtal
Versand & Schaugarten
Wössinger Straße 15
75045 Walzbachtal
Fon 07203 / 18 05

Classic Garden Elements
(Kübel, Accessoires u.a.)
Goethestr. 27
65719 Hofheim am Taunus
www.classic-garden-elements.de

Impressum

Bibliografische Information der Deutschen Bibliothek
Die Deutsche Bibliothek verzeichnet diese Publikation in der Deutschen Nationalbibliografie; detaillierte bibliografische Daten sind im Internet über http://dnb.ddb.de abrufbar.

Wollgrasweg 41,
70599 Stuttgart
Internet: www.ulmer.de
Printed in Germany
Lektorat: K. Wachsmuth
Umschlag- und Innengestaltung: X-Design, München
Druck und Bindung: Litotipografia-editrice Alcione, Trento
Printed in Italy

ISBN 3-8001-4745-9

serpartikel Keime und Krankheitserreger in die Wohnraumluft gelangen. Von Miniteichen und Wasserspielen auf Verdunsterbasis, also ohne Vernebelungstechnik („Plätscherbrunnen") geht diese Gesundheitsgefährdung nicht aus. Diese Modelle sind Gegenstand des vorliegenden Buches.

Bildquellen

Alle Zeichnungen fertigte Maryse Forget nach Vorgaben der Verfasserin.
Caspersen, G. / Picture Press S. 53.
Duff, M. S. 26 u.
FLORA / Kramp + Gölling S. 4/5, 6/7, 19, 30, 31 li. o., 64.
GBA / Nichols, C. S. 37.
Hecker, F. S. 26 o., 26 (2. v. u.).
Kramp + Gölling, Fotodesign BFF Umschlagrückseite rechts, S. 27 (2. v. u.), 28/29, 31 M., 31 re. o.
PicturePress / FLORA / Caspersen Umschlagrückseite links, S. 13.
Redeleit, W. S. 4 li., 9, 23 li., 24 (2. v. u.), 25 (2. v. u.), 49 re., 56, 57.
Reinhard, H. Umschlagvorderseite, S. 17, 22. 23 re., 24 o., 24 (2. v. o.), 24 u., 25 o., 25 (2. v. o.), 25 u., 26 (2. v. o.), 27 o., 42, 44, 45, 46, 48, 49 li., 49 M., 59.
Reinhard, N. S. 12, 23 M., 27 (2. v. o.), 27 u., 39 o., 40, 47, 50/51, 55.
Stein, Gitte und Siegfried S. 20, 21 o., 21 M., 21 u.
Strauß, F. S. 61, U3.
Wentorf, E./Flora/Picture Press S. 2/3, 8, 11, 15, 33, 34, 38, 39 u.

Seerosen & Co. schön arrangieren

Leuchtende Seerosenblüten kann man sogar auf Augenhöhe genießen. In einer kleinen Schale auf Tisch oder Fensterbank kommt ihre Eleganz aus nächster Nähe gut zur Geltung.

Wasserschönheiten wie Seerosen lassen sich in kleinen Kübeln, aber auch in Schalen als „Schnittblume" genießen. Die kleinste Seerosen-Sorte kommt sogar mit einem Wasserstand von nur 10 cm zurecht! Es geht ganz einfach: Man schneidet eine Blüte aus seinem Teich ab und legt sie in eine farblich kontrastierende Schale. So kommen Blütenform und -farbe am besten zur Geltung. Für einige Tage kann man sich vom Wechselspiel zwischen knospiger, erblühender und vergehender Blüte bezaubern lassen. Seerosen in einer Schale mit Wasser sind ein echtes Highlight auf dem Tisch. Der Clou: die dunkelgrünen Blätter von Wassersalat und -hyazinthe, die das zarte Rosa der Blüten zum Leuchten bringen.

1 **Seerosen-Blütendeko** Die zarten rosaroten Blütensterne der Seerosen schneidet man am besten am Morgen im Gartenteich. Damit ihre Blütenköpfe stolz und aufrecht im Wasser treiben, steckt man kurze Nägel als stabilisierende „Kiele" in den Stängel. Eine schöne Keramikschale wird mit etwas Wasser gefüllt. Dann legt man die Seerosenblüten, einige Pflänzchen des Feenmooses und des Wassersalates hinein. Dazu kommen noch gemusterte Schneckenhäuser, denn sie bringen Heiterkeit ins kühle Nass.